Pizza

100 köstliche Pizzarezepte zum Nachbacken

von Valentina Striezel

Inhaltsverzeichnis

Pizza mit Fleisch..37

Aus dem Meer

Einleitung

Die Pizza - fast jeder kennt sie, die meisten Menschen lieben sie. Bei der Pizza handelt es sich um ein würzig belegtes Fladenbrot, welches klassischer Weise aus Hefeteig besteht. Nach dem Belegen mit frischen Zutaten wird der Teig im Ofen knusprig gebacken.

Woher stammt die Bezeichnung Pizza überhaupt?

Es ist bis heute nicht eindeutig geklärt, woher das Wort "Pizza" stammt. Vielleicht kommt es vom longobardischen Wort "pizzo" bzw. "bizzo", was in Deutsch so viel bedeutet wie "Bissen". Es könnte aber auch aus dem orientalischen oder semitischen Raum stammen und von dort aus nach Griechenland gewandert und zum Wort "pita" umgewandelt worden sein. Von dort wurde es dann vielleicht ins Italienische entlehnt. Aber auch diese Erklärung für die Herkunft des Wortes ist nur eine Möglichkeit von vielen weiteren. Genauso gut könnte "Pizza" aus dem Hebräischen oder natürlich aus dem Italienischen stammen.

Seit wann gibt es die Pizza?

Mitte des 18. Jahrhunderts wurde die Existenz einer originalen Pizza zum ersten Mal nachgewiesen. Damals war der Teig nur mit Olivenöl beträufelt worden und danach mit Oregano, frischen Tomatenscheiben und Basilikum belegt worden. Käse oder Tomatensoße wurde damals in Süditalien noch nicht als Belag verwendet. Neben dieser Variante gab es außerdem die kalabresische Abwandlung, welche neben Hefeteig die Zutaten Olivenöl, Zwiebeln, Salz und Schweineschmalz enthielt.

Weil Pizza bei extrem hohen Temperaturen gebacken wird, war die Zubereitung in privaten Haushalten nicht möglich. Aus diesem Grund wurden die Pizzen damals zu Hause zubereitet bzw. belegt und anschließend in Rohform zu einem Bäcker gebracht, welcher die Pizzen gegen Bezahlung fertiggebacken hat. Anschließend wurde die fertige Pizza mit nach Hause genommen und von der ganzen Familie verspeist. Nach einiger Zeit hat sich sogar ein eigener Handwerkszweig aus dieser Gewohnheit entwickelt: Das Handwerk des Pizzamachers (der Pizzaiolo). Dieser hat den Teig dann komplett selbst hergestellt und auch direkt belegt, um die fertigen Pizzen auf der Straße zu verkaufen.

Die erste Pizza, welche mit unseren heutigen Vorstellungen von einer Pizza einhergeht, ist im Juni 1889 entstanden. Pizzaiolo Raffaele Esposito, welchem die Pizzeria Brandi gehörte, wurde von König Umberto beauftragt, seiner Frau eine Pizza zu servieren. Dass die Frau "Margherita" hieß, hatte langfristige Folgen für die Benennung der Pizza-Variante. Die Pizza für die Frau des Königs sollte mit möglichst patriotischen Farben belegt werden: Grün, weiß und rot.
Dementsprechend wählte Esposito die Zutaten aus und belegte den Teig mit Basilikum, Mozzarella und frischen Tomaten.
Laut der Geschichten gab es allerdings bereits vorher Pizzamacher, welche der Königin die Leckereien aus Teig zubereitet und serviert haben. Doch von keinem der Pizzabäcker wurde der Name überliefert. Angeblich durfte die Königin aus einer Liste von 35 verschieden zusammengestellten Belägen auswählen, wenn sie ihr Essen bestellte. Diese Liste wurde 1880 in einem Zeitungsartikel der Washington Post veröffentlicht.

Wie kam die italienische Pizza zu uns?

Dank italienischer Auswanderer hat sich die Pizza ungefähr gegen Ende des 19. Jahrhunderts auch in der USA verbreitet. Im Jahr 1973 wurde zum allerersten Mal eine Pizza auf dem Festhallengeländer in Frankfurt am Main zubereitet. Das geschah im Rahmen der 7. Internationalen Ausstellung für Kochkunst auf der Messe Frankfurt. Erst nach dem zweiten Weltkrieg wurde die Pizza in ganz Europa bekannt. Die erste deutsche Pizzeria wurde 1952 in Würzburg von Nicolino di Camillo eröffnet. Heute ist die Pizza neben den Spaghetti das am meisten verbreitete Nationalgericht der Italiener und wird weltweit angeboten.

Welche klassischen Pizza-Varianten gibt es?

Neben der bekannten Pizza Napoletana gibt es noch einige weitere Varianten mit regionaler italienischer Tradition. Dazu gehört unter anderem die Pizza Romana, welche besonders dünn und knusprig gebacken wird. Pizza Genovese ist hingegen sehr dick, weshalb sie eher an typisches Fladenbrot erinnert. Die populäre "Meterpizza" Pizza al taglio wird zumindest in Italien nicht nur in Pizzerien verkauft, sondern auch in Bäckereien oder verschiedenen Imbissen. Auch die Pizza bianca ist in Italien, anders als in Deutschland, sehr verbreitet. Zu dieser Variante zählen alle Pizzen, welche ohne Tomatensoße belegt werden.

Klassiker aus der Pizzeria

1. Pizza al Carciofi

Zubereitungszeit: 90 Minuten   *Backzeit: 15 Minuten*

Gesamtzeit: 105 Minuten

Zutaten:

Teig:

- 500 g Mehl
- 40 g Hefe
- 250 ml Wasser
- 2 EL Olivenöl
- 1 EL Salz
- 1 EL Zucker

Belag:

- Artischocken
- Natives Olivenöl
- Tomaten

Zubereitung:

Der Teig:

1. 80 ml Wasser in ein Gefäß geben und Hefe hineinbröseln. Das Ganze gemeinsam mit ein wenig Zucker auflösen. Das Wasser sollte dabei lauwarm sein.

2. In einer Schüssel Mehl sieben und mit Salz vermengen. Dann Öl und Hefe hinzufügen. Die restliche Menge an Wasser dazugeben und das Ganze zu einem Teig kneten. Es kann ein wenig dauern, bis der Teig die richtige Konsistenz hat und nicht mehr an der Schüssel klebt. Theoretisch kann man auch eine Küchenmaschine mit einem Knethaken zum Kneten verwenden.

3. Ein Geschirrtuch mit lauwarmem Wasser ein wenig feucht machen und den Teig damit bedecken. Der Teig sollte anschließend 30 Minuten an einem warmen Ort ruhen.

4. Anschließend kann er in 4 Teile geschnitten werden und jedes Stück noch einmal durchgeknetet werden. Darauffolgend die Arbeitsfläche mit Mehl bestäuben und die Teigstücke 30 Minuten ruhen lassen.

Der Belag:

5. Das Tomatenfleisch fein schneiden.

6. Den Teig zu einer runden Pizza formen und die Tomaten auf den Teig legen. Es kann theoretisch auch Tomatensoße dafür verwendet werden.

7. Anschließend wird der Mozzarella in Würfel geschnitten und gleichmäßig auf den Teig verteilt. Die Artischocken waschen, in mundgerechte Häppchen schneiden und ebenfalls auf den Teig legen.

8. Die Pizza in den Ofen für etwa 15 Minuten bei 200° backen.

2. Pizza Cardinale

Zubereitungszeit: 90 Minuten   *Backzeit: 15 Minuten*

Gesamtzeit: 105 Minuten

Zutaten:

Teig:

- 500 g Mehl
- 40 g Hefe
- 250 ml Wasser
- 2 EL Olivenöl
- 1 EL Salz
- 1 EL Zucker

Belag:

- 150 g Schinken
- 2 Ovale Mozzarella
- 400 ml Tomatensoße
- Oregano
- Olivenöl

Zubereitung:

Der Teig:

1. In einer kleinen Schüssel 70 ml Wasser schütten und die Hefe mit den Fingern in die Schüssel bröckeln. Dann gemeinsam mit ein wenig Zucker auflösen. Das Wasser sollte dabei etwas wärmer als Zimmertemperatur sein.

2. In einer separaten größeren Schüssel Mehl und Salz vermischen und das Öl mit der Wassermischung dem Mehl beifügen. Das restliche Wasser dazugeben und das Ganze zu einem Teig kneten. Es kann einige Minuten dauern, bis der Teig nicht mehr klebrig ist. Theoretisch kann auch eine Küchenmaschine mit einem Knethaken zum Kneten verwendet werden.

3. Ein mit etwas lauwarmen Wasser angefeuchtetes Geschirrtuch auf den Teig legen. Der Teig sollte anschließend eine halbe Stunde an einem warmen Ort ruhen.

4. Nachdem der Teig geruht ist, kann er in 4 Teile geteilt und jedes Stück noch einmal durchgeknetet werden. Die Arbeitsfläche dann mit Mehl bestreuen und die Teigstücke eine weitere halbe Stunde gehen lassen.

5. Den Teig dünn ausrollen und ein Backblech mit Backpapier auslegen. Den Pizzaboden auf das Backpapier legen. Den Rand wulstartig in die Höhe drücken und mit etwas Olivenöl und Knoblauch bepinseln. Den Ofen auf 200° C vorheizen.

Der Belag:

5. Den Teig mit Tomatensoße beschmieren und den aufgeschnittenen Schinken darauflegen.

6. Den Mozzarella in Scheiben oder Stücke schneiden und ebenfalls auf der Pizza verteilen.

7. Abschließend mit Oregano würzen und etwas Olivenöl auf die Pizza spritzen.

8. Die Pizza Cardinale wird im Ofen für ungefähr 15 Minuten gebacken, bis der Käse geschmolzen und die Kruste schön goldbraun geworden ist.

3. Pizza di Carne

Zubereitungszeit: 20 Minuten　　*Backzeit: 25 Minuten*
Gesamtzeit: 40 Minuten

Zutaten:

- 600 g Hackfleisch aus Rind
- 100 g Zwiebeln
- 2 Tomaten

- 50 g Sprossen
- eine Hand voll Petersilie
- 2 Knoblauchzehen

- 1 Ei
- Olivenöl
- Salz
- Pfeffer

Zubereitung:

1. Das Fleisch in eine Schüssel geben und ein Ei hineinrinnen lassen. Salz, Pfeffer, 1 EL Olivenöl und eine halbe gehackte Knoblauchzehe hinzufügen und mit ein wenig Petersilie, fein geschnitten, zusammenmischen.

2. Ein Backblech mit Backpapier auslegen und das Fleisch darauf verteilen. Dazu einen Kreis mit 20 cm Durchmesser formen. Die Dicke des Fleisches dürfte etwa 3 cm sein.

3. Das Backrohr auf 200° C aufheizen und das Fleisch für 5 Minuten backen.

4. Die Zwiebeln schälen und in Ringe oder Streifen schneiden.

5. Eine Pfanne auf den Herd stellen und die Zwiebel in ein wenig Öl anbraten. Dann die Sprossen dazugeben und mit Öl dünsten lassen. Die Tomaten in Streifen schneiden und die Sprossen anschließend häuten.

6. Die Pizza aus Fleisch kann nun aus den Ofen genommen werden.

7. Sprossen, Zwiebel, Tomaten auf die Fleischpizza legen und mit Salz und Pfeffer würzen.

8. 1 EL Olivenöl auf der Pizza verteilen und für weitere 15 Minuten im Backrohr bei 170°C backen.

4. Pizza Cipolla

Zubereitungszeit: 10 Minuten   *Backzeit: 15 Minuten*

Gesamtzeit: 25 Minuten

Zutaten:

Teig:

- 500 g Mehl
- 40 g Hefe
- 250 ml Wasser
- 2 EL Olivenöl
- 1 EL Salz
- 1 EL Zucker

Belag:

- 1 Zwiebel
- 3 Tomaten
- 1 TL Oregano
- 2 EL Rapsöl
- Olivenöl
- 100 g geriebenen Käse

Zubereitung:

Der Teig:

1. Die Hälfte des Wassers in ein Gefäß leeren und die Hefe hineinbröckeln. Dann gemeinsam mit ein wenig Zucker auflösen. Das Wasser sollte dabei etwas wärmer als Zimmertemperatur sein.

2. Mehl und Salz in einer großen Schüssel vermengen und das Öl mit der Wassermischung hinzufügen. Das restliche Wasser dazugeben und das Ganze zu einem Teig kneten. Es kann einige Minuten dauern, bis der Teig die richtige Konsistenz erhält und nicht mehr klebrig ist. Es kann auch eine Küchenmaschine mit einem Knethaken zum Kneten verwendet werden.

3. Ein Geschirrtuch mit ein wenig lauwarmem Wasser feucht machen und den Teig damit bedecken. Der Teig sollte anschließend eine halbe Stunde an einem warmen Ort gehen.

4. Nachdem der Teig aufgegangen ist, kann er in 4 Teile geschnitten werden und jedes Stück noch einmal durchgeknetet werden. Die Arbeitsfläche mit ein wenig Mehl bestäuben und die Stücke eine weitere halbe Stunde gehen lassen.

Der Belag:

5. Die Tomaten waschen und das Grüne eventuell entfernen. Dann vierteln und in kleine Würfel schneiden. Die Zwiebel schälen und feine Zwiebelringe daraus fabrizieren.

6. Die Teigstücke zu einer runden Pizza mit dem Nudelholz oder vom Körper aus weg drückend mit dem Handballen formen.

7. Anschließend Tomaten und Zwiebelringe auf die Pizza geben und mit Käse bestreuen.

8. Die Pizza auf der mittleren Schiene für etwa 15 Minuten bei 200° backen.

5. Pizza Contadina

Zubereitungszeit: 80 Minuten   *Backzeit: 15 Minuten*

Gesamtzeit: 95 Minuten

<u>Zutaten:</u>

Teig:

- 500 g Mehl
- 10 g Salz
- 40 g Bierhefe
- 1 TL Zucker
- 4 EL Olivenöl
- 300 ml lauwarmes Wasser

Belag:

- 1 Stange Mozzarella (125 g)
- 150 g in Öl eingelegte Artischocken
- 100 g Bauchspeck
- Olivenöl

<u>Zubereitung:</u>

Der Teig:

1. Lauwarmes Wasser in eine Tasse oder ein Glas geben und mit Bierhefe und Zucker vermengen.

2. Das Salz in einem anderen Behälter mit ein wenig Wasser auflösen.

3. Eine Arbeitsfläche bereitstellen und das Mehl darauf schütten. In die Mitte sollte eine Mulde gemacht werden.

4. Die zwei Behälter mit dem Hefewasser und dem Salzwasser in die Mulde geben und Öl hinzufügen. Dann zu einem gleichmäßig geschmeidigen Teig kneten und, wenn nötig, noch mehr Wasser oder Mehl zufügen.

5. Eine Schüssel mit ein wenig Mehl bestreuen und den Teig hineinlegen. Ein feuchtes Geschirrtuch zur Hand nehmen und die Schüssel damit abdecken. Das Ganze muss jetzt eine Stunde an einem warmen Ort gehen, bis das Teigvolumen doppelt so groß geworden ist.

6. Den Teig nun noch einmal durchkneten und in 4 Stücke teilen. Die Teile mit einem Nudelholz zu einem kreisförmigen Pizzaboden ausrollen.

Der Belag:

7. Den Bauchspeck in Stücke schneiden und bei hoher Hitze für 2 Minuten in einer Pfanne anbraten. Das Fett anschließend entfernen.

8. Tomatensoße mit Mozzarella auf den Teigboden geben und für 10 Minuten backen lassen. Der Backofen sollte vorher schon auf 250° C aufgeheizt worden sein.

9. Danach kann die Pizza aus den Ofen geholt und mit Artischocken und Bauchspeck belegt werden.

10. Die Pizza weitere 5 Minuten im Backrohr backen lassen und daraufhin mit etwas Olivenöl beträufeln.

6. Pizza Frutti di Mare

Zubereitungszeit: 105 Minuten   *Backzeit: 30 Minuten*

Gesamtzeit: 135 Minuten

Zutaten:

Teig:

- 250 g Mehl
- ½ Päckchen Trockenhefe
- 125 ml lauwarmes Wasser
- 5 EL Olivenöl
- Salz

Belag:

- 275 g Meeresfrüchte-Mischung
- 3 Lauchzwiebeln
- 100 g Champignons
- 250 g Mozzarella
- 370 g stückige Tomaten mit Zwiebel
- 2 EL Öl
- Pfeffer

Zubereitung:

Der Teig:

1. Das Mehl mit einer Prise Salz und Hefe vermengen. Dann lauwarmes Wasser und Olivenöl dazugeben.

2. Aus den Zutaten einen geschmeidigen Teig kneten und anschließend eine halbe Stunde an einem warmen Ort mit einem Geschirrtuch zugedeckt gehen lassen.

3. Nach der halben Stunde noch einmal durchkneten und den Teig in 2 Teile teilen.

4. Auf einer mit Mehl bestäubten Arbeitsfläche zu 2 kreisrunden Pizzaböden mit etwa 20 cm Durchmesser ausrollen (Entweder mit dem Nudelholz oder mit dem Handballen) und auf einem Backblech, das schon vorher mit Backpapier versehen wurde, für 15 weitere Minuten gehen lassen.

Der Belag:

5. Die Pilze und die Lauchzwiebeln waschen und gründlich putzen. Die Lauchzwiebel anschließend in Ringe und die Pilze in Scheiben schneiden.

6. Die Meeresfrüchte mit kaltem Wasser waschen und in einem Sieb auf Zimmertemperatur auftauen lassen.

7. Die Meeresfrüchte anschließend abtupfen, sodass sie trocken sind, und mit 2 EL Öl in einer Pfanne für etwa 5 Minuten anbraten.

8. Das Gemüse hinzufügen und dann mit den Gewürzen abschmecken.

9. Den Mozzarella in Scheiben schneiden und beiseitestellen.

10. Die stückigen Tomaten auf der Pizza verteilen und anschließend mit Meeresfrüchte, Pilze, Lauchzwiebeln und schlussendlich Mozzarella in der Reihenfolge belegen.

11. Den Ofen auf 200°C aufheizen und die Pizza anschließend 20-30 Minuten backen. Zu der Pizza passt ausgesprochen gut ein kühler Weißwein.

7. Pizza al Funghi

Zubereitungszeit: 90 Minuten   *Backzeit: 15 Minuten*
Gesamtzeit: 105 Minuten

Zutaten:

Teig:

- 300 g Mehl
- 1 Päckchen Trockenhefe
- 150 ml warmes Wasser
- ¾ Salz
- 1 EL Olivenöl
- 1 Prise Zucker

Soße:

- 1 Knoblauchzehe
- 1 Zwiebel
- 1 EL Olivenöl
- 1 EL Tomatenmark
- 1 Dose Tomaten in Stücken
- 1 Päckchen italienische Kräuter
- Salz
- Pfeffer

Belag:

- 500 g Champignons
- 200 g Käse
- Salz
- Pfeffer

Zubereitung:

Der Teig:

1. Eine Schüssel zur Hand nehmen und in diese das Mehl sieben. Alle anderen Zutaten für den Teig hinzufügen und alles gut vermengen. Den Teig einige Minuten kneten, bis er nicht mehr klebt.

2. Den Teig an einem warmen Ort für 45 Minuten gehen lassen.

Die Soße:

3. In der Zwischenzeit kann die Soße zubereitet werden. Dafür Zwiebel und Knoblauch fein schneiden und das Öl in einer Kasserolle erwärmen.

4. Zwiebel und Knoblauch darin anbraten, bis die Zwiebel glasig geworden ist.

5. Dann kann das Tomatenmark hinzugefügt und leicht angeschwitzt werden.

6. Die Tomaten hinzufügen und aufkochen lassen. Gewürze und Kräuter hinzufügen. Die Soße warm stellen.

Der Belag:

7. Die Champignons waschen und in dünne Scheiben schneiden. Mit etwas Fett in einer Pfanne anbraten und mit Salz und Pfeffer abschmecken.

8. Aus den aufgegangenen Teig mit einem Nudelholz einen Pizzaboden fertigen und Tomatensoße und anschließend Pilze darauf verteilen. Den Käse fein reiben (wenn nicht schon so gekauft) und auf die Pizza streuen.

9. Die Pizza 15 Minuten, eventuell etwas länger, backen.

8. Pizza Hawaii

Zubereitungszeit: 90 Minuten   *Backzeit: 15 Minuten*
Gesamtzeit: 105 Minuten

Zutaten:

Teig:

- 500 g Mehl
- 40 g frische Hefe
- 250 ml Wasser
- 2 EL Olivenöl
- 1 EL Salz
- 1 EL Zucker

Belag:

- 200 ml Tomatensoße
- Schinken
- 4 Scheiben Ananas
- 70 g Mais
- 2 EL Öl
- geriebenen Emmentaler
- Oregano
- Salz
- Pfeffer

Zubereitung:

Der Teig:

1. In einer kleinen Schüssel 70 ml Wasser schütten und die Hefe hineinbröseln. Anschließend ein wenig Zucker hinzufügen und gemeinsam mit der Hefe auflösen. Darauf achten, dass das Wasser lauwarm ist.

2. In einer separaten Schüssel Mehl und Salz vermischen und das Öl mit der Wassermischung hinzufügen. Das restliche Wasser kann jetzt dazugegeben und das Ganze zu einem Teig geknetet werden. Es kann einige Minuten dauern, bis der Teig die richtige Konsistenz besitzt, wichtig ist, dass er am Schluss nicht mehr klebt. Theoretisch kann man auch eine Küchenmaschine mit einem Knethaken zum Kneten verwenden.

3. Ein Tuch mit ein wenig lauwarmem Wasser anfeuchten und den Teig damit bedecken. Der Teig sollte anschließend eine halbe Stunde an einem warmen Ort ruhen.

4. Dann kann der Teig in 4 Teile geschnitten und jedes Stück noch einmal durchgeknetet werden. Die Arbeitsfläche bemehlen und die Stücke eine weitere halbe Stunde gehen lassen.

5. Der Teig wird anschließend ausgerollt und auf ein mit Backpapier ausgelegtes Backblech gelegt.

Der Belag:

6. Die Ränder des Teiges sollten mit Öl bepinselt werden.

7. Die Tomatensoße auf dem Teigboden verteilen und Oregano, Salz und Pfeffer darauf streuen.

8. Den Schinken, Menge je nach Belieben, auf den Teig legen und mit ein paar Ananasstücken und Mais abschließen.

9. Bei 200° C sollte diese Pizza nun 15 Minuten lang backen. Nach den ersten 6 Minuten die Pizza aus den Ofen nehmen und den geriebenen Emmentaler auf die Pizza verteilen. Für den Rest der Zeit in das Rohr geben und fertig ist die Pizza Hawaii.

9. Margherita

Zubereitungszeit: 90 Minuten   *Backzeit: 12 Minuten*
Gesamtzeit: 105 Minuten

Zutaten:

Teig:

- 500 g Weizenmehl
- 20 g frische Hefe
- 50 g Olivenöl
- 320 g Wasser
- 10 g Salz

Soße:

- 6 EL pürierte Tomaten
- 3 EL Tomatenmark
- 2 TL Oregano
- 1 Prise Salz
- 1 Prise Zucker
- 1 Prise Chili
- Pfeffer

Belag:

- 5 Scheiben Mozzarella
- 6 Basilikumblätter
- Olivenöl
- 1 Olive

Zubereitung:

Der Teig:

1. Bei Verwendung eines Ofens sollte dieser auf 240°C aufgeheizt werden. Falls ein Pizzastein verwendet wird, sollte dieser jedoch schon eine Stunde vorher aufgeheizt werden.

2. Das Mehl in eine Schüssel geben und die Hefe in das Mehl zerbröseln.

3. Danach Salz, Olivenöl und Wasser hinzufügen und mit dem Mehl vermengen. Daraus einen Teig kneten. Dies kann etwas länger dauern und mag am Anfang noch ein wenig klebrig sein. Der Teig sollte durchwegs 5-10 Minuten bearbeitet werden.

4. Den Teig 1 Stunde im Kühlschrank ruhen lassen.

Die Soße:

5. Alle Zutaten für die Tomatensoße vermengen und je nachdem anschließend Tomatenmark, um die Soße dicker zu machen, oder passierte Tomaten, um sie dünner zu machen, einrühren.

Der Belag:

6. Den Teig aus den Kühlschrank raus und in 3 Teile teilen. Diese dann zu Kugeln formen und weitere 10 Minuten ruhen lassen. Die Fläche kann mittlerweile mit Mehl bestäubt werden.

7. Die Teigkugel auf die Fläche legen und mit den Handballen vom Körper weg plattdrücken. Den Teig anschließend umdrehen und wieder plattdrücken. So lange wiederholen, bis der Teig etwa 20 cm im Durchmesser hat. Dabei darf der Rand der Pizza etwas dicker sein.

8. Die Pizza auf einen Holzschieber oder auf ein mit Olivenöl eingestrichenes Backblech legen und die Tomatensoße schön gleichmäßig verteilen.

9. Weiter werden Büffelmozzarella, Basilikum und in der Mitte eine Olive auf die Pizza gelegt. Ein wenig Olivenöl zur Hand nehmen und damit beträufeln.

10. Die Pizza anschließend 8-12 Minuten bei 240° backen und anschließend heiß genießen.

10. Marinara

Zubereitungszeit: 80 Minuten   *Backzeit: 15 Minuten*
Gesamtzeit: 95 Minuten

Zutaten:

Teig:

- 500 g Mehl
- 1 Hefewürfel (40g)
- 250 ml Wasser
- 2 EL Olivenöl
- 1 EL Salz
- 1 EL Zucker

Belag:

- 220 g frische Tomaten
- ½ TL Chilipulver
- 1 Knoblauchzehe
- 1 TL Oregano
- 1 EL Olivenöl
- Salz

Zubereitung:

Der Teig:

1. In einem Gefäß 70 ml Wasser geben und die Hefe hineinbröseln und gemeinsam mit ein wenig Zucker auflösen. Das Wasser sollte dabei etwas wärmer als Zimmertemperatur sein.

2. In einer Schüssel Mehl und Salz vermischen und das Öl mit der Wassermischung hinzufügen. Die übrige Menge an Wasser dazugeben und das Ganze zu einem Teig kneten. Es kann einige Minuten dauern, bis der Teig die richtige Konsistenz hat und nicht mehr an der Schüssel kleben bleibt. Man könnte auch eine Küchenmaschine mit einem Knethaken zum Kneten verwenden.

3. Ein Küchentuch mit lauwarmem Wasser etwas feucht machen und den Teig damit bedecken. Der Teig sollte anschließend 30 Minuten an einem warmen Ort ruhen.

4. Nachdem der Teig seine Ruhe hatte, kann er in 4 Teile geschnitten werden und jedes Stück noch einmal durchgeknetet werden. Die Arbeitsfläche dann mit Mehl bestäuben und die Teigstücke eine weitere halbe Stunde gehen lassen.

Der Belag:

5. Die Tomaten werden in Scheiben geschnitten und die Flüssigkeit mit Hilfe eines Siebs entfernen.

6. Den Teig mit dem Handballen vom Körper weg zu einer runden Pizza verarbeiten. Es kann dafür auch ein Nudelholz verwendet werden.

7. Die Tomaten auf den Teig legen und die Knoblauchzehe in dünne Scheiben schneiden. Scheiben und Oregano über die Tomaten und ein paar Tropfen Olivenöl auf die Pizza geben.

8. Die Pizza auf ein Backblech legen und im vorgeheizten Ofen bei 200° C etwa 15 Minuten backen.

11. Pizza Napolitana

Zubereitungszeit: 140 Minuten   *Backzeit: 5 Minuten*
Gesamtzeit: 145 Minuten

Zutaten:

Teig:

- 400 g Weizenmehl
- 250 ml lauwarmes Wasser
- 8 g Salz
- 1 TL Zucker
- 20 g Olivenöl
- 1/2 Hefe

Soße:

- 1 Zwiebel
- 1 TL Oregano, getrocknet
- 1 Zehe Knoblauch
- 1 Dose Tomaten
- 1 TL brauner Zucker
- 4 EL Olivenöl
- Salz
- Pfeffer

Belag:

- 1 Dose Sardellen
- ein paar eingelegte Oliven
- 1 kleine Zwiebel
- 200 g Büffelmozzarella
- 1 Knoblauchzehe

Zubereitung:

Der Teig:

1. Eine große Schüssel hernehmen und lauwarmes Wasser, Zucker und Hefe vermengen.

2. 5 Minuten warten, bis es zum Schäumen anfängt.

3. Das Mehl in eine Schüssel schütten und eventuell auch 5 g Backmalz hineinrühren. Eine kleine Mulde formen und das Wasser mit Hefe und Zucker hinzufügen.

4. Einen halben Teelöffel Salz abmessen und mit dem Olivenöl in den Teig kneten. Den Teig so lange kneten, bis ein geschmeidiger Teig daraus geworden ist und anschließend 30 Minuten an einem warmen Ort mit einem feuchten Geschirrtuch über der Schüssel gehen lassen.

5. Eine Arbeitsfläche mit Mehl bestäuben und den Pizzateig nochmals durchkneten. Das Tuch wieder über den Teig und an einem warmen Ort eine Stunde ruhen lassen. Der Teig sollte nach der Stunde etwa die doppelte Größe haben.

6. Der Teig kann dann wieder durchgeknetet werden und in 4 Stücke geteilt werden. Kugeln daraus formen und weitere 30 Minuten gehen lassen.

7. Die Stücke mit dem Handballen flachdrücken und zu einer kreisförmigen Pizza verarbeiten.

Die Soße:

8. Die Zwiebel schälen und klein würfelig schneiden. Das Olivenöl in eine Pfanne und die Zwiebelstücke glasig anbraten.

9. Tomaten, gepresster Knoblauch, Oregano, braunen Zucker und eine Prise Salz hinzufügen und gut durchmischen.

10. Das Ganze muss nun auf mittlerer Stufe für etwa 15-20 Minuten köcheln und eventuell mit mehr Kräutern abgeschmeckt werden.

Der Belag:

11. Den Ofen auf 240° C Umluft erwärmen.

12. Den Boden leicht mit der Tomatensoße bestreichen und mit Oregano bestreuen.

13. Mozzarella in kleine Stücke schneiden oder mit der Hand zupfen und gemeinsam mit den Sardellen auf der Pizza verteilen.

14. Die Zwiebel schälen und Zwiebelringe daraus schneiden. Den Knoblauch fein zerhacken und auf dem Pizzaboden verteilen.

15. Eine Olive kann in die Mitte des Bodens platziert werden und die Pizza dann für 5 Minuten, oder mehr, backen.

16. Am besten ist es wenn der Ofen sehr heiß und die Backzeit kurz ist.

12. Pizza Provencale

Zubereitungszeit: 120 Minuten   Backzeit: 30 Minuten
Gesamtzeit: 150 Minuten

Zutaten:

Teig:

- 250 g Roggenmehl
- ½ Würfel Hefe
- 1 Prise Zucker
- 2 EL Olivenöl
- 125 ml lauwarmes Wasser
- 1 TL Salz

Belag:

- 100 g Zwiebeln
- 100 g schwarze Oliven
- 3 Knoblauchzehen
- 8 Anchovis
- 3 EL Olivenöl
- 1 Zweig Thymian
- 2 EL Olivenöl

Zubereitung:

1. Der Hefeteig wird folgendermaßen zubereitet: Zuerst muss ein Dampferl gemacht werden. Das heißt man rührt die Hefe mit Zucker und 2 EL lauwarmen Wasser in einem Behälter an und gibt 2 EL Mehl dazu.

2. Das übrige Mehl sollte in eine große Schüssel gekippt und eine Mulde gebildet werden.

3. Das Hefewasser kann anschließend in die Mulde gegeben und mit etwas Mehl bedeckt werden. Das Ganze muss nun abgedeckt 30 Minuten ruhen.

4. Das Salz gemeinsam mit dem Olivenöl in das Mehl gegeben und mit 1/8 lauwarmen Wasser zu einem Teig geknetet werden.

5. Den Teig muss man so lange kneten, bis er schön geschmeidig geworden ist.

6. Auf einer Arbeitsfläche etwas Mehl verteilen und noch einmal durchkneten.

7. Den Teig anschließend in die Schüssel zurück und mit einem feuchten Tuch an einem warmen Ort für eine Stunde ruhen lassen. Der Teig sollte anschließend etwa doppelt so groß sein.

Der Belag:

8. Die Zwiebel schälen und in dünne Scheiben schneiden. Die Knoblauchzehen klein hacken.

9. Eine Pfanne zur Hand nehmen und 3 EL Olivenöl darin platzieren. Die Knoblauchzehen und die Zwiebelscheiben in dem Olivenöl mit 100 ml Wasser und dem Thymianzweig so lange dünsten, bis das Wasser verschwunden ist.

10. Das Backrohr auf 175 ° C aufheizen und den Teig auf einer Arbeitsfläche noch einmal bearbeiten.

11. Dann einen Pizzaboden formen und den kreisrunden Teig auf ein mit Fett eingeschmierten Backblech legen. Jetzt kann die Pizza belegt werden.

12. Zwiebeln auf den Boden legen, 2 EL Olivenöl darauf geben und 20 Minuten lang backen.

13. Abschließend Anchovisfilets hinzufügen und die Oliven auch darauf legen. Weitere 10 Minuten backen und fertig ist die Pizza.

13. Pizza Rusticana

Zubereitungszeit: 60 Minuten *Backzeit: 10 Minuten*
Gesamtzeit: 70 Minuten

Zutaten:

Teig:

- 100 ml Mehl
- ¼ Päckchen Hefe
- 70 ml Wasser
- 1 EL Olivenöl
- ½ TL Zucker
- ½ TL Salz
- 1 Prise Oregano

Belag:

- 3 Scheiben Putenschinken
- 1 rote Paprika
- 1 orangene Paprika
- 1 gelbe Paprika
- Zucchini
- Zwiebel
- einige Champignons
- Mais
- scharfe Tomatensoße
- Chilisoße
- geriebenen Emmentaler
- Knoblauchöl
- Oregano

Zubereitung:

1. Sämtliche Zutaten in einer Schüssel zu einem Teig kneten, eventuell mithilfe einer Küchenmaschine mit einem Knethaken ausgestattet.

2. Das Ganze muss dann mit etwas Mehl bestäubt werden und für 30 Minuten an einem warmen Ort zugedeckt gehen.

Der Belag:

3. Das Gemüse waschen, die Paprika halbieren und die Kerne entfernen, dann ebenfalls waschen.

4. Die Paprika je nach Belieben schneiden, die Zucchini in etwas größere Stücke verarbeiten, die Champignons in Scheiben und die Zwiebel in Streifen schneiden. Den Mais aus der Dose nehmen und abtropfen lassen. Kurz abwaschen.

5. Das Backrohr sollte auf 260° C aufgeheizt werden. Falls ein Pizzastein verwendet wird, sollte dieser schon mindestens 30 Minuten, wenn nicht gleich eine Stunde, vorher erhitzt werden.

6. Nachdem der Teig seine Ruhezeit hatte, kann er aus der Schüssel genommen und noch einmal durchgeknetet werden.

7. Nun geht es ans Ausrollen: dazu sollte man die Teigkugel entweder mit dem Handballen platt drücken (immer weg vom Körper) oder ein Nudelholz zur Hilfe genommen werden.

8. Den Teigboden mit der Tomatensoße bestreichen und mit dem Käse bestreuen.

9. Die restlichen Lebensmittel, also Schinken, Paprika, Zucchini, Zwiebel, Champignons, Mais, Chilisoße und Oregano auf der Pizza verteilen und für etwa 10 Minuten backen lassen. Schlussendlich kann die Pizza mit ein wenig Knoblauchöl bepinselt und heiß genossen werden.

14. Pizza Romana

Zubereitungszeit: 60 Minuten   *Backzeit: 13 Minuten*
Gesamtzeit: 73 Minuten

Zutaten:

Teig:

- 250 g Weizenmehl
- 15 g Hefe
- 5 EL lauwarmes

- Wasser
- ½ TL Salz
- ¼ TL Zucker

- 6 EL Olivenöl
- 1/8 Wasser

Belag:

- 1 EL Olivenöl
- 1 Fleischtomate
- 125 g Mozzarella

- 120 g Prosciutto cotto
- getrockneter Basilikum

- Knoblauch
- Pfeffer
- Salz

Zubereitung:

Der Teig:

1. Das Mehl mit Salz in einer Schüssel vermengen und zur Seite stellen.

2. In einen kleinen Behälter lauwarmes Wasser gießen und die frische Hefe hineinbröseln. Zucker auch hinzufügen und 5 Minuten ruhen lassen, sodass sich kleine Bläschen bilden.

3. Das Gemisch dem Mehl beifügen, dann weitere 1/8 Wasser dazugeben und mit 6 EL Olivenöl einen Teig kneten. Es kann auch eine Küchenmaschine mit Knethaken als Hilfe zum Kneten benutzt werden.

4. Sobald der Teig fertig ist, er sollte nicht mehr kleben, kann er auf eine mit Mehl bestreute Arbeitsfläche gegeben und noch einmal mit der Hand durchgeknetet werden. Nun 45 Minuten ruhen lassen.

5. Den Teig nach der Ruhezeit auf ein mit Backpapier ausgelegtem Backblech legen und mit dem Handballen drückend eine runde Pizza formen. Der Rand sollte ein wenig dicker sein als der Rest. Wenn die Pizza nicht ganz rund ist, macht das auch nichts.

Der Belag:

6. Die Tomate in feine Scheiben schneiden und auf dem Teig verteilen.

7. Mit Salz, Pfeffer und getrockneten Basilikum bestreuen. Eine Knoblauchzehe in feine Scheiben schneiden und auf der Pizza gleichmäßig verteilen.

8. Das Wasser des Mozzarellas entfernen und den Käse ebenfalls in Scheiben schneiden. Auf den Teig legen.

9. Prosciutto cotto in mundgerechte Stücke schneiden und je nach Belieben auf die Pizza legen.

10. Zum Abschluss ein Esslöffel Olivenöl auf der Pizza verteilen und bei 250°C für 13 Minuten ausbacken.

15. Pizza Salami

Zubereitungszeit: 90 Minuten *Backzeit: 15 Minuten*
Gesamtzeit: 105 Minuten

Zutaten:

Teig:

- 500 g Mehl
- 40 g oder 1 Würfel Hefe
- 250 ml Wasser
- 2 EL Olivenöl
- 1 EL Salz
- 1 EL Zucker

Belag:

- 1 Dose Tomatenfruchtfleisch in Stücken
- 2 gepresste Knoblauchzehen
- 20 g Salami
- 25 g Emmentaler
- 4 EL Olivenöl
- Oregano
- Salz
- Pfeffer

Zubereitung:

Der Teig:

1. 70 ml Wasser in eine Schale kippen und die Hefe hineinbröseln. Dann mit ein wenig Zucker auflösen. Darauf achten, dass das Wasser etwas wärmer ist als die Zimmertemperatur.

2. Mehl und Salz in einer Schüssel vermengen und das Öl mit der Hefemischung hinzufügen. Die übrige Menge an Wasser dazugeben und die Masse zu einem Teig kneten. Es kann einige Knetminuten dauern, bis der Teig die richtige Konsistenz hat und nicht mehr an der Schüssel klebt. Es könnte auch eine Küchenmaschine mit einem Knethaken zum Kneten benutzt werden.

3. Ein Geschirrtuch mit ein wenig lauwarmem Wasser anfeuchten und den Teig damit bedecken. Der Teig sollte anschließend 30 Minuten an einem warmen Ort ruhen.

4. Nachdem der Teig seine Ruhe hatte, kann er in 4 Teile geschnitten werden und jedes Stück noch einmal durchgeknetet werden. Die Arbeitsfläche dann mit Mehl bestäuben und die Teigstücke eine weitere halbe Stunde gehen lassen.

Der Belag:

5. Die Tomatenstücke aus der Dose nehmen und kurz pürieren. Den Knoblauch in das Püree pressen. Das Püree mit Salz, Pfeffer und Oregano abschmecken.

6. Den Emmentaler in kleine Streifen schneiden, oder auch reiben.

7. Den Pizzateig zu einem Boden auswalzen und Tomatenpüree, Emmentaler und anschließend Salamischeiben auf dem Boden verteilen. Die Salami, wenn noch nicht geschnitten in hauchdünne Scheiben schneiden. Mit Oregano abschließen.

8. Den Ofen auf 200° C vorheizen und die Pizza auf mittlerer Schiene für etwa 15 Minuten in den Ofen geben. Voilà!

16. Pizza al Tonno

Zubereitungszeit: 100 Minuten   *Backzeit: 15 Minuten*

Gesamtzeit: 115 Minuten

Zutaten:

Teig:

- 500 g Mehl
- 1 Hefewürfel (40g)
- 250 ml Wasser
- 2 EL Olivenöl
- 1 EL Salz
- 1 EL Zucker

Belag:

- 150 g Tomatensoße
- 150 g geriebenen Pizzakäse
- 200 g Thunfisch
- 4 Knoblauchzehen
- 2 EL Salzkapern
- Olivenöl
- Oregano

Zubereitung:

Der Teig:

1. Etwa die Hälfte des Wassers in eine Schüssel geben und die Hefe in kleinen Brocken hinzufügen. Dann gemeinsam mit ein wenig Zucker auflösen. Das Wasser sollte dabei etwas wärmer als Zimmertemperatur sein.

2. Eine große Schüssel zur Hand nehmen und Mehl mit Salz vermengen und das Öl mit der Wassermischung hinzufügen. Das übrige Wasser dazu leeren und das Ganze zu einem Teig kneten. Es kann einige Minuten dauern, bis sich der Teig richtig anfühlt und nicht mehr an der Schüssel kleben bleibt. Natürlich kann man auch eine Küchenmaschine mit einem Knethaken zum Kneten verwenden.

3. Ein Geschirrtuch mit ein wenig lauwarmem Wasser feucht machen und den Teig damit bedecken. Dieser sollte anschließend eine halbe Stunde an einem warmen Ort ruhen.

4. Nachdem der Teig seine Ruhe hatte, kann er in 4 Stücke geteilt und jeder Teil noch einmal durchgeknetet werden. Die Arbeitsfläche dann mit Mehl bestreuen und die Stücke, ein Stück nach dem anderen, eine weitere halbe Stunde ruhen lassen.

Der Belag:

6. Die Thunfischdose entleeren und den Thunfisch abtropfen lassen. Dann kann er zerpflückt werden.

7. Die Salzkapern sollten gewaschen und ebenfalls abgetropft werden.

8. Den Knoblauch schälen und klein hacken.

9. Aus den Teigstücken jeweils einen kreisförmigen Boden zaubern, durch Handballen oder Nudelholz, und auf ein mit Pergamentpapier belegtes Backblech legen.

10. Die Tomatensoße auf den Pizzaboden streichen und mit dem geriebenen Käse bestreuen.

11. Thunfisch, Knoblauch und Kapern auf den Boden gleichmäßig verteilen und abschließend mit ein wenig Oregano würzen.

12. Die Pizza dann mit Olivenöl bespritzen und den Rand eventuell sogar mit dem Öl einpinseln.

13. Das Backrohr auf 200° C einstellen und für 15 Minuten backen.

17. Pizza Toscana

Zubereitungszeit: 30 Minuten   *Backzeit: 30 Minuten*

Gesamtzeit: 60 Minuten

Zutaten:

Teig:

- 500 g Mehl
- 1 Packung Trockenhefe
- 250 ml lauwarmes Wasser
- 5 EL Olivenöl
- 1 Prise Salz

Belag:

- 100 g schwarze Oliven
- 1 große grüne Paprikaschote
- 2 Dosen Thunfisch
- 360 g Tomatenstücke
- 125 g Pecorino
- 1 Bund Basilikum

Zubereitung:

Der Teig:

1. Eine große Schüssel zur Hand nehmen und Mehl und Hefe schön durchmischen.

2. Das lauwarme Wasser hinzufügen und mit Olivenöl und Salz zu einem glatten Teig kneten.

3. Den Teig für etwa 15 Minuten gehen lassen und mittlerweile das Backblech mit Backpapier versehen.

4. Den Teig anschließend auf einer mit Mehl bestäubten Arbeitsfläche nochmals durchkneten und zu einem Teig ausrollen. Dies kann mit Hilfe eines Nudelholzes oder mit dem Handballen drückend gemacht werden.

Der Belag:

5. Die grüne Paprikaschote in die Hälfte schneiden und alle Kerne entfernen. Dann waschen und in kleine Würfel schneiden.

6. Die schwarzen Oliven in Scheiben schneiden und den Thunfisch abtropfen lassen. Der Fisch kann anschließend zerrupft und mit den Oliven und den Paprikastücken vermengt werden.

7. Die Tomaten in Stücke schneiden oder schon Dosentomaten in Stücken verwenden. Diese dann auf den Teig verteilen und mit der Paprikamischung und den Käse gleichmäßig auf den Teig legen.

8. Das Backrohr sollte auf 200° C Ober- und Unterhitze vorgewärmt und die Pizza für 30 Minuten knusprig gebacken werden.

9. Als letzten Schritt wird der Basilikum gewaschen und trocken geschüttelt. Die Blätter vom Stängel zupfen und später, wenn die Pizza fertig ist, auf der Pizza verteilen.

Pizza mit Fleisch

18. Apfelpizza mit Würstchen

Zubereitungszeit: 110 Minuten   *Backzeit: 15 Minuten*

Gesamtzeit: 125 Minuten

Zutaten:

Teig:

- 500 g Mehl
- 1 Hefewürfel (40g)
- 250 ml Wasser
- 2 EL Olivenöl
- 1 EL Salz
- 1 EL Zucker

Belag:

- 1 Wurst
- 1 Apfel
- 1 kleine Zwiebel
- 120 g geriebener Gouda
- 1 TL Salz
- 3 Eier
- 4 Eiweiß
- ¼ TL schwarzer Pfeffer
- 1 TL frischer Thymian
- 1 ½ TL Mayonnaise
- 1 TL Dijon Senf
- Salz
- Pfeffer

Zubereitung:

Der Teig:

1. In eine kleinen Schüssel mit 70 ml Wasser Hefe mit den Fingern bröseln und gemeinsam mit ein wenig Zucker auflösen. Das Wasser sollte dabei etwas wärmer als Zimmertemperatur sein.

2. In einer separaten größeren Schüssel Mehl und Salz vermengen und Öl und Hefe-Wasser-Mischung dazugeben. Die übrige Menge an Wasser hinzufügen und das Ganze zu einem Teig kneten. Es kann einige Minuten dauern, bis der Teig die richtige Konsistenz hat und nicht mehr an der Schüssel klebt. Theoretisch kann man auch eine Küchenmaschine mit einem Knethaken zum Kneten verwenden.

3. Ein Küchentuch mit ein wenig lauwarmem Wasser feucht machen und den Teig damit bedecken. Der Teig sollte anschließend eine halbe Stunde an einem warmen Ort ruhen.

4. Nachdem der Teig seine Ruhe hatte, kann er in 4 Teile geschnitten werden und jedes Stück noch einmal durchgeknetet werden. Die Arbeitsfläche dann mit Mehl bestäuben und die Teigstücke eine weitere halbe Stunde gehen lassen.

5. Den Teig ausrollen und einen kreisrunden Pizzaboden fertigen. Diesen auf ein Backblech mit Backpapier legen und den Ofen auf 200°C stellen.

6. Den Rand des Teiges mit den Fingern wulstig hochdrücken.

Der Belag:

7. In einer kleinen Schüssel Mayonnaise, Senf, ein wenig Salz und Pfeffer zusammenrühren und zur Seite stellen.

8. Eine Pfanne auf den Herd stellen und bei mittlerer Hitze ein wenig Butter schmelzen lassen. Die Zwiebel in feine Scheiben schneiden und in die Pfanne mit ein wenig Salz geben. Das ganze etwa 4 Minuten braten lassen. Hin und wieder umrühren.

9. Den Apfel in feine Scheiben schneiden und in die Pfanne zu der Zwiebel dazugeben, bis die Äpfel etwas weich sind und die Zwiebel goldbraun angebraten sind. Dann kann die Pfanne zum Abkühlen zur Seite gestellt werden.

10. In der selben Pfanne kann wieder ein wenig Butter geschmolzen und Eier, Eiweiß, Salz, Pfeffer und Thymian zusammengerührt werden.

11. Die Ei-Mischung dann etwa 3 Minuten braten, bis sie gut durch sind.

12. Den Pizzaboden für etwa 10 Minuten im Ofen backen und dann wieder herausnehmen.

13. Den Dijon Senf auf dem Pizzaboden verteilen und mit dem geriebenen Käse bestreuen.

14. Die Eier, Die Äpfel und Zwiebel, eine geschnittene Wurst und den restlichen Käse in der Reihenfolge auf den Boden geben und weitere 6-10 Minuten im Ofen backen lassen.

15. Sobald die Pizza fertig ist, kann sie noch mit ein wenig frischen Thymian serviert werden.

19. Avocado-Pizza mit Pute

Zubereitungszeit: 75 Minuten   *Backzeit: 15 Minuten*

Gesamtzeit: 90 Minuten

Zutaten:

Teig:

- 500 g Mehl
- ½ Würfel frische Hefe
- 300 ml lauwarmes
- Wasser
- 5 EL Olivenöl
- Zucker
- Salz
- Pfeffer

Belag:

- 200 g Crème fraîche
- 3 EL Ajvar
- 1 mittelgroße Karotte
- 1 Bund Lauchzwiebel
- 3 Mozzarellakugeln
- 2 Avocados
- 1 EL Zitronensaft
- 300 g geräucherte Putenbrustscheiben

Zubereitung:

Der Teig:

1. Den Teig folgendermaßen zubereiten: Die Hefe in dem lauwarmen Wasser auflösen und in einer separaten Schüssel Mehl, 1 EL Zucker und 1 ½ TL Salz vermengen.

2. Nachdem die Hefe aufgelöst ist, kann das Wasser mit dem Öl zum Mehl dazu gekippt werden und mit der Hand oder einer Küchenmaschine schön durchgeknetet werden, sodass eine geschmeidige Masse entsteht.

3. Der Teig muss nun, am besten zugedeckt, für etwa 45 Minuten an einem warmen Ort gehen.

4. Ein Backblech zur Hand nehmen und es dünn mit Öl bepinseln. Dann mit etwas Mehl bestäuben.

5. Auf einer Arbeitsfläche ein wenig Mehl geben und den Teig noch einmal gut durchkneten.

6. Dann auf das Blech ausrollen und weitere 25 Minuten ruhen lassen.

Der Belag:

7. Mittlerweile kann der Belag vorbereitet werden: dafür das Crème fraîche und Ajvar vermengen und mit Salz und Pfeffer würzen.

8. Die Karotte schälen und dann waschen. Anschließend klein reiben.

9. Die Lauchzwiebel waschen und putzen. Sobald die Zwiebel sauber ist, kann sie in Ringe geschnitten werden.

10. Der Mozzarella sollte abgetropft werden lassen und mit etwas Küchenpapier trocken getupft werden.

11. Den Backofen nun auf etwa 200° C vorheizen.

12. Der Teig kann jetzt mit der Crème bestrichen und mit den Lauchzwiebeln, den Karotten und dem Mozzarella belegt werden. Aufgepasst: gut wäre es, etwa 2 EL Lauchzwiebel für später zum Dekorieren aufzuheben.

13. Die Avocados in der Hälfte durchschneiden und den Kern mit einem Löffel entfernen. Das Fleisch herauslöffeln und grob würfelig schneiden.

14. Diese sollten nun mit etwas Zitronensaft und den übrigen Lauchzwiebeln vermengt werden.

15. Sobald die Pizza fertig ist, kann sie aus den Ofen genommen und mit den Putenbrustscheiben, wie auch mit der Avocado-Mischung belegt werden. Bon Appetit!

20. Cranberry-Truthahn-Pizza mit Pesto

Zubereitungszeit: 100 Minuten   *Backzeit: 15 Minuten*
Gesamtzeit: 115 Minuten

Zutaten:

Teig:

- 500 g Mehl
- 40 g Hefe
- 250 ml lauwarmes
- Wasser
- 2 EL Olivenöl
- 1 EL Zucker
- 1 EL Salz

Basilikumpesto:

- 1 Bund Basilikum
- 200 ml Olivenöl
- 1 Knoblauchzehe
- 30 g geriebenen Parmesan
- 50 g geröstete
- Pinienkerne
- Salz

Belag:

- 125 g Mozzarella
- 250 g Ricotta
- 500 g Truthahnfleisch
- 340 g Cranberry
- 100 g brauner Zucker
- 1 Zwiebel
- Olivenöl
- Salz
- Pfeffer

Zubereitung:

Der Teig:

1. Ein Gefäß zur Hand nehmen und lauwarmes Wasser hineingießen. Dann Hefe und Zucker hinzufügen und etwa 5 Minuten beiseitestellen.

2. In einer separaten Schüssel Mehl und Salz vermischen und dann Öl, das restliche Wasser und die Hefe-Mischung hinzufügen.

3. Das Ganze kann nun mit der Hand oder mit einem Knethaken einer Küchenmaschine durchgeknetet werden. Vorsicht bei der Maschine: nicht zu lange kneten, weil er sich sonst schlecht weiterverarbeiten lässt.

4. Den Teig in eine Schüssel geben und mit einem Geschirrtuch abdecken. Das Ganze an einem warmen Ort für eine halbe Stunde ruhen lassen. Je wärmer es ist, umso schneller geht der Teig auf.

5. Nach der Ruhezeit den Teig nochmals durchkneten und eine Kugel daraus formen. Dann weitere 20 Minuten gehen lassen.

Das Pesto:

6. Für das Pesto den Basilikum waschen und anschließend klein zerhacken.

7. Die Knoblauchzehe dann schälen und anschließend mit den gerösteten Pinienkernen und den gerieben Käse gemeinsam mit ½ des Olivenöls in den Mixer geben.

8. Die Basilikumblätter hinzufügen und alles gut durchmixen.

9. Das übrige Öl und etwas Salz hinzufügen, eventuell abschmecken, und fertig ist das Basilikumpesto.

Der Belag:

10. Das Truthahnfleisch in kleine Würfel schneiden, am besten mundgerechte Häppchen, und leicht in Olivenöl in der Pfanne anbraten.

11. Den Mozzarella in dünne Scheiben oder kleine Stücke schneiden, wie es einen lieber ist.

12. Die Zwiebel schälen und in dünne Ringe schneiden. Eine Pfanne zur Hand nehmen und darin ein wenig Olivenöl platzieren, um die Zwiebelringe anzubraten.

13. Später den Zwiebel mit Salz und Pfeffer würzen und etwa 20 Minuten lang bei geschlossenen Deckel dünsten lassen. Immer wieder mal umrühren. Sobald die Zwiebel goldbraun ist, sollte der Deckel entfernt werden und ein paar Minuten bei hoher Hitze angebraten werden.

14. In diese Pfanne kommen anschließend die Cranberries und der Zucker, die mit etwas Salz vermengt werden. Etwas Wasser hineingießen und aufkochen lassen.

15. Anschließend für ein paar Minuten köcheln lassen, bis das ganze dickflüssig geworden ist. Die Mischung erinnert eventuell an Marmelade. Wenn sie diese Konsistenz erreicht hat, kann die Mischung vom Herd zum Abkühlen genommen werden.

16. Den Teig nun ausrollen und den Ofen auf 220° C Ober- und Unterhitze vorheizen.

17. Auf den Pizzaboden Basilikumpesto, Cranberry-Mischung und dann Truthahnstücke in dieser Reihenfolge legen. Abschließend einige Ricottastücke und Mozzarellastücke darauf legen.

18. Die Pizza kommt nun für 15 Minuten in den Ofen und wird goldbraun gebacken.

21. Fenchel-Pizza

Zubereitungszeit: 50 Minuten   *Backzeit: 15 Minuten*

Gesamtzeit: 65 Minuten

Zutaten:

Teig:

- 250 g Mehl
- ½ Würfel Hefe
- 160 ml lauwarmes Wasser
- ½ TL Zucker
- 1 TL Salz
- 1,5 EL Olivenöl

Belag:

- 2 Fenchelknollen
- 100 g Crème fraîche
- 2 italienische Bratwürste

Zubereitung:

Der Teig:

1. Das Mehl in eine große Schüssel kippen und eine Mulde in der Mitte formen.

2. 4 EL des lauwarmen Wassers in eine separate Schüssel schütten und Hefe und Zucker darin auflösen.

3. Das Ganze nun in die Mulde gießen und gut vermengen. Mit Mehl bestäuben und etwa 20 Minuten gehen lassen.

4. 1 EL Olivenöl, Salz und das restliche Wasser verrühren und dem Mehl beifügen. Das Ganze nun mithilfe einer Küchenmaschine und dessen Knethakens zu einem Teig kneten. Anschließend noch 10 Minuten mit den Händen kneten, sodass ein geschmeidiger Teig entsteht.

5. Eine Kugel bilden und die Schüssel und den Teig mit Öl bepinseln. Nun eine weitere Stunde ruhen lassen, bis der Teig doppelt so groß ist.

Der Belag:

6. Den Fenchel, waschen, putzen und in die Hälfte schneiden. Den Strunk entfernen und das Grün weglegen. Nun in sehr dünne Scheiben schneiden und ein wenig mit Salz bestreuen.

7. Den Teig noch einmal kneten und halbieren. Pro Stück einen dünnen Pizzaboden formen, bzw. mit dem Nudelholz ausrollen und auf ein Backpapier auf ein Backblech geben.

8. Den Pizzaboden mit der Crème fraîche bestreichen. Den Fenchel kalt abspülen und in einem Sieb abtropfen lassen. Nun den Fenchel auf die Pizza legen und das Brät der Wurst gleich auf den Boden verteilen.

9. Die Pizza wird nun gesalzt und gepfeffert und 10 Minuten in Ruhe gelassen.

10. In einem auf 250° C vorgeheizten Backrohr für etwa 15 Minuten Backen und mit etwas Fenchelgrün servieren.

22. Hühnerpizza mit Artischocken

Zubereitungszeit: 100 Minuten   Backzeit: 15 Minuten
Gesamtzeit: 115 Minuten

Zutaten:

Teig:

- 500 g Mehl
- 1 Würfel Hefe
- 250 ml Wasser
- 2 EL Olivenöl
- 1 EL Salz
- 1 EL Zucker

Belag:

- 1 EL Maismehl
- 2 EL Olivenöl
- 3 Knoblauchzehen
- 125 g gekochtes Hühnerfleisch
- 200 g Artischocken
- 120 g Mozzarella
- 60 g Blaukäse
- ¼ TL frisch gemahlener Pfeffer
- 2 EL Estragonblätter

Zubereitung:

Der Teig:

1. In einem kleinen Behälter 3 EL Wasser gießen, die Hefe hineinbröseln und gemeinsam mit ein wenig Zucker auflösen. Das Wasser sollte dabei etwas wärmer als Zimmertemperatur sein.

2. In einer Schüssel Mehl und Salz vermischen und das Öl mit der Wassermischung hinzufügen. Die übrige Menge an Wasser dazugeben und das Ganze zu einem Teig kneten. Es kann einige Minuten dauern, bis der Teig die richtige Konsistenz hat und nicht mehr an der Schüssel klebt. Theoretisch kann man auch eine Küchenmaschine mit einem Knethaken zum Kneten verwenden.

3. Ein Tuch mit lauwarmem Wasser etwas feucht machen und den Teig damit bedecken. Der Teig sollte anschließend 30 Minuten an einem warmen Ort ruhen.

4. Nachdem der Teig seine Ruhe hatte, kann er in 4 Teile geschnitten werden und jedes Stück noch einmal durchgeknetet werden. Die Arbeitsfläche dann mit Mehl bestäuben und die Teigstücke eine weitere halbe Stunde gehen lassen.

5. Den Ofen auf 200°C einstellen und den Teig schon mal weiterverarbeiten. Dazu den Teig mit einem Nudelholz ausrollen und auf ein mit Backpapier ausgelegtem Backblech geben. Das Backpapier sollte mit etwas Maismehl bestreut werden. Den Rand wulstig in die Höhe drücken.

6. Nun kann man sich dem Belag widmen.

Der Belag:

7. Etwas Öl in einer Pfanne erhitzen und den Knoblauch etwa 3 Minuten anbraten und von der Hitze nehmen.

8. Das Öl mit dem Knoblauch auf den Teig pinseln und mit Hühnerfleisch, Artischocken, in Scheiben geschnittenen Mozzarella und Blaukäse belegen. Am Schluss mit etwas Pfeffer und Estragonblättern würzen.

9. Die Pizza kommt für 15 Minuten in den Ofen und sollte am Ende einen knusprigen goldbraunen Rand haben.

23. Hühnerpizza mit Oliven

Zubereitungszeit: 115 Minuten   *Backzeit: 15 Minuten*

Gesamtzeit: 130 Minuten

Zutaten:

Teig:

- 500 g Mehl
- 1 Hefewürfel (40g)
- 250 ml Wasser
- 2 EL Olivenöl
- 1 EL Salz
- 1 EL Zucker

Belag:

- 35 g eingelegte Oliven
- 2 Anchovifilets
- 2 TL Salzkapern
- 2 TL Petersilie
- ½ TL Zitronenschale
- 2 TL Pflanzenöl
- 70 g gekochtes Hühnerfleisch
- ½ rote Paprikaschote
- 80 g Monterey Jack Käse

Zubereitung:

Der Teig:

1. In einem Gefäß 70 ml Wasser geben, die Hefe hineinbröseln und gemeinsam mit ein wenig Zucker auflösen. Das Wasser sollte dabei etwas wärmer als Zimmertemperatur sein.

2. In einer Schüssel Mehl und Salz vermischen und das Öl mit der Wassermischung hinzufügen. Das restliche Wasser dem Gemisch beifügen und alles zu einem Teig kneten. Es kann ein wenig länger dauern, bis sich der Teig richtig anfühlt und nicht mehr an der Schüssel kleben bleibt. Wer mag kann auch eine Küchenmaschine mit einem Knethaken zum Kneten verwenden.

3. Ein Geschirrtuch mit Wasser anfeuchten und über den Teig legen. Dieser kommt nun an einen warmen Ort, um dort für eine halbe Stunde zu gehen.

4. Nachdem der Teig seine Ruhe hatte, kann er in 4 Teile geschnitten werden und jedes Stück noch einmal durchgeknetet werden. Die Arbeitsfläche dann mit Mehl bestäuben und die Teigstücke eine weitere halbe Stunde gehen lassen.

5. Nach der Ruhezeit kann der Teig verarbeitet werden. Dazu mit einem Nudelholz oder mit dem Handballen den Teig zu einem kreisrunden Pizzaboden ausrollen.

6. Die Ränder wulstartig mit den Fingern hochdrücken.

7. Den Ofen auf 200°C vorheizen.

Der Belag:

8. Die Oliven gemeinsam mit den Anchovis, den Salzkapern, der Petersilie und der Zitronenschale in den Mixer geben und so lange mixen, bis alles klein zerhackt ist.

9. Das Öl dazugeben und alles gut durchmischen.

10. Dieses Gemisch kommt anschließend auf den Pizzaboden. Auf das dann das Hühnchenfleisch, klein geschnittene Paprikastücke (entkernt) und Käse gelegt wird.

11. Die Pizza kommt nun für etwa 15 Minuten in den Ofen und wird goldbraun gebacken.

24. Kleine Pizza mit Mango und Fleisch

Zubereitungszeit: 80 Minuten   *Backzeit: 12 Minuten*

Gesamtzeit: 92 Minuten

Zutaten:

Teig:

- 300 g Mehl
- ¼ TL Trockenhefe
- 250 ml lauwarmes Wasser
- 6 EL Olivenöl

Belag:

- 1 Mango
- ½ Bund
- Frühlingszwiebel
- 2 EL Curry
- 200 g Schmand

Zubereitung:

Der Teig:

1. In einer großen Schüssel Mehl, Trockenhefe, Wasser, 4 EL Olivenöl und Salz zu einem geschmeidig glatten Teig kneten und an einem warmen Ort für etwa 20 Minuten ruhen lassen.

2. Den Teig anschließend in 4 Stücke teilen und zu Teigböden ausrollen.

3. Die Böden sollten nun mit einem Geschirrtuch abgedeckt werden und weitere 30 Minuten ruhen.

Der Belag:

4. Inzwischen 2 EL Olivenöl erhitzen und Putenhackfleisch mit Salz und Pfeffer anbraten.

5. Die Mango schälen und in Würfel schneiden. Die Zwiebel in Scheiben schneiden.

6. In einer kleinen Schüssel Schmand und Curry vermengen und mit Salz und Pfeffer würzen.

7. Der Schmand kommt nun auf den Boden der Pizza, im Anschluss daran das Hackfleisch, die Mango- und die Zwiebelstücke.

8. Die Pizza kommt nun im auf 200° C vorgeheizten Ofen für 15 Minuten hinein.

25. Mascarpone-Pizza mit Salsiccia

Zubereitungszeit: 90 Minuten   *Backzeit: 15 Minuten*
Gesamtzeit: 105 Minuten

Zutaten:

Teig:

- 500 g Mehl
- 1 Hefewürfel
- 250 ml Wasser

- 2 EL Olivenöl
- 1 EL Salz
- 1 EL Zucker

- Olivenöl

Belag:

- 150 g Mascarpone
- 1 Zwiebel

- 2 Stück italienische Bratwürstchen (Salsiccia)
- 1 Hand voll mit Basilikumblätter

- 1 Mozzarella-Kugel
- Olivenöl
- Oregano

Zubereitung:

Der Teig:

1. In einem kleinen Behälter 70 ml Wasser füllen und die Hefe mit den Fingern hineinbröckeln. Anschließend gemeinsam mit ein wenig Zucker auflösen. Das Wasser sollte dabei sehr lauwarm sein.

2. In einer Schüssel Mehl und Salz vermengen und Öl dem Wasser hinzufügen. Die übrige Menge an Wasser dazugeben und das Ganze zu einem Teig kneten. Es kann einige Minuten dauern, bis der Teig geschmeidig geworden ist. Es könnte auch eine Küchenmaschine mit einem Knethaken zum Kneten benutzt werden.

3. Ein angefeuchtetes Tuch auf den Teig legen. Der Teig sollte anschließend 30 Minuten an einem warmen Ort ruhen.

4. Nachdem der Teig aufgegangen ist, sollte er in 4 Stücke geschnitten werden und jedes Teil noch einmal durchgeknetet werden. Die Arbeitsfläche dann mit Mehl bestreuen und die Stücke eine weitere halbe Stunde gehen lassen.

5. Das Backrohr auf 200°C vorheizen und mit den Pizzaböden beginnen.

6. Den Boden schön ausrollen. Dies gelingt entweder mit dem Handballen, indem dieser weg vom Körper auf den Teig gedrückt wird, oder mit dem Nudelholz. Die Pizza sollte dann etwa 1 cm breit sein und am Rand die traditionelle wulstartige Form haben.

7. Der Teig wird auf ein mit Pergamentpapier versehenen Backblech gelegt und wartet nun auf seinen Belag.

Der Belag:

8. Die Zwiebel schälen und fein schneiden. Es empfiehlt sich die Zwiebel in feine Ringe zu schneiden.

9. Die Salsiccia in dünne oder dickere Scheiben schneiden, je nachdem, wie man es lieber hat. Den Mozzarella abtropfen lassen und dann in kleine Würfel schneiden

10. Den Pizzaboden mit der Mascarpone bestreichen und mit der Zwiebel und der Wurst belegen. Darauf kommt dann der Mozzarella und ein wenig Oregano.

11. Zum Schluss wird noch ein wenig Olivenöl über die ganze Pizza verteilt (etwa 1 EL) und darf nun für etwa 15 Minuten im Ofen goldbraun backen.

26. Pizza auf mediterrane Art

Zubereitungszeit: 90 Minuten   *Backzeit: 15 Minuten*

Gesamtzeit: 105 Minuten

Zutaten:

Teig:

- 500 g Mehl
- 40 g frische Hefe
- 250 ml Wasser
- 2 EL Olivenöl
- 1 EL Salz
- 1 EL Zucker

Belag:

- 150 g Tomatensoße
- 200 g Schinken
- 100 g Salami
- 150 g Mozzarella
- Basilikumblätter
- Oregano
- Salz
- Pfeffer

Zubereitung:

Der Teig:

1. Ein wenig Wasser in einem kleinen Gefäß mit zerbröselter Hefe und ein wenig Zucker auflösen. Das Wasser sollte dabei etwas wärmer als Zimmertemperatur sein.

2. In einer großen Schüssel Mehl und Salz vermischen und das Öl mit der Wassermischung hinzufügen. Die übrige Menge an Wasser dazugeben und das Ganze zu einem Teig kneten. Es kann einige Minuten dauern, bis der Teig die richtige Konsistenz hat und nicht mehr an der Schüssel klebt. Theoretisch kann man auch eine Küchenmaschine mit einem Knethaken zum Kneten verwenden.

3. Ein Geschirrtuch mit ein wenig lauwarmem Wasser etwas feucht machen und den Teig damit bedecken. Der Teig sollte anschließend 30 Minuten an einem warmen Ort ruhen.

4. Nachdem der Teig seine Ruhe hatte, kann er in 4 Teile geschnitten werden und jedes Stück noch einmal durchgeknetet werden. Die Arbeitsfläche dann mit Mehl bestäuben und die Teigstücke eine weitere halbe Stunde gehen lassen.

5. Den Teig dann auf der Arbeitsfläche zu einem kreisrunden Pizzaboden mit dem Nudelholz auswalzen und den Rand wulstartig in die Höhe drücken. Den Boden auf das Backblech geben und auf die Weiterverwendung warten.

Der Belag:

6. Schinken und Mozzarella je nach Belieben schneiden. Den Schinken empfiehlt es sich in Streifen und den Mozzarella in dünne Scheiben zu schneiden.

7. Die Pizzasoße kommt dann auf den Teigboden. Darauf achten, dass sie gleichmäßig verteilt ist.

8. Anschließend Mozzarella, Schinken und Salami hinzufügen und etwas Salz, Pfeffer und Oregano bestreuen.

9. Schlussendlich kommen Basilikumblätter auf die Pizza. Diese sollten vorher gewaschen und dann zerpflückt werden.

10. Die Pizza wird nun lediglich für 15 Minuten ausgebacken und kann dann heiß genossen werden.

27. Pancetta Pizza

Zubereitungszeit: 90 Minuten   *Backzeit: 15 Minuten*
Gesamtzeit: 105 Minuten

Zutaten:

Teig:

- 500 g Mehl
- 1 Hefewürfel (40g)
- 250 ml Wasser
- 2 EL Olivenöl
- 1 EL Salz
- 1 EL Zucker

Belag:

- 150 g Tomatensoße
- 50 g Mozzarella
- 150 g Ricotta
- 200 g Blattspinat
- 2 Knoblauchzehen
- 80 g Pancetta
- Olivenöl
- Muskatnuss

Zubereitung:

Der Teig:

1. In einem Gefäß 70 ml Wasser geben und den Hefe hineinbröseln und gemeinsam mit ein wenig Zucker auflösen. Das Wasser sollte dabei etwas wärmer als Zimmertemperatur sein.

2. In einer Schüssel Mehl und Salz vermischen und das Öl mit der Wassermischung hinzufügen. Die übrige Menge an Wasser dazugeben und das Ganze zu einem Teig kneten. Es kann einige Minuten dauern, bis der Teig die richtige Konsistenz hat und nicht mehr an der Schüssel klebt. Theoretisch kann man auch eine Küchenmaschine mit einem Knethaken zum Kneten verwenden.

3. Ein Küchentuchmit ein wenig lauwarmem Wasser etwas feucht machen und den Teig damit bedecken. Der Teig sollte anschließend 30 Minuten an einem warmen Ort ruhen.

4. Nachdem der Teig seine Ruhe hatte, kann er in 4 Teile geschnitten werden und jedes Stück noch einmal durchgeknetet werden. Die Arbeitsfläche dann mit Mehl bestäuben und die Stücke eine weitere halbe Stunde gehen lassen.

5. Das Backrohr auf 200° C vorheizen und den Teig in kreisrunde Böden auswalken.

Der Belag:

6. Salzwasser in einem Topf vorbereiten und den Spinat darin kurz blanchieren und anschließend kalt abschrecken. Den Spinat dann abtropfen lassen und ein paar mal durchschneiden.

7. Den Mozzarella in Würfel schneiden und den Schinken eventuell in Streifen, wer die großen Blätter so nicht essen möchte.

8. Der Knoblauch sollte geschält und dann klein zerhackt werden.

9. Den Pizzaboden auf ein Backpapier legen und die Ränder mit den Fingern wulstartig hochdrücken.

10. Die Tomatensoße auf den Teig streichen und dann den Mozzarella zur Hand nehmen und auf der Soße gleichmäßig verteilen.

11. Spinat und zerdrückten Ricotta auf das ganze geben und mit geriebenen Muskatnuss und kleinen Knoblauchstücken abschließen.

12. Das Ganze kommt dann für etwa 15 Minuten in den Ofen und sollte mit einem goldbraunen Rand herauskommen.

28. Pikante Pizza mit Wurst

Zubereitungszeit: 90 Minuten *Backzeit: 15 Minuten*
Gesamtzeit: 105 Minuten

Zutaten:

Teig:

- 500 g Mehl
- 1 Hefewürfel (40g)
- 250 ml Wasser
- 2 EL Olivenöl
- 1 EL Salz
- 1 EL Zucker

Belag:

- 150 g Pizzasoße
- 150 g geriebenen Käse, nach Geschmack
- 200 g Salsiccia piccante
- Basilikumblätter
- Cherry-Tomaten
- Olivenöl
- Oregano

Zubereitung:

Der Teig:

1. In einer kleinen Schale die Hälfte des lauwarmen Wassers schütten, die Hefe in diese bröckeln und gemeinsam mit ein wenig Zucker auflösen.

2. Das Mehl mit dem Salz in einer Schüssel vermischen und das Öl und die Wasser-Hefe-Mischung hinzufügen. Die übrige Menge an Wasser dazugeben und das Ganze zu einem glatten geschmeidigen Teig kneten. Es kann einige Minuten dauern, bis der Teig die richtige Konsistenz bekommt und nicht mehr an der Schüssel klebt. Die Küchenmaschine kann dabei auch zur Hilfe genommen werden, vorausgesetzt ist hierfür ein Knethaken.

3. Ein Küchentuch mit lauwarmem Wasser ein wenig feucht machen und den Teig damit zudecken. Der Teig sollte anschließend 30 Minuten an einem warmen Ort gehen.

4. Nach der Ruhezeit des Teigs, kann er in 4 Teile geschnitten werden und jeden Teil noch einmal durchgeknetet werden. Die Arbeitsfläche dann mit Mehl bestäuben und die Stücke eine weitere halbe Stunde gehen lassen.

5. Das Backrohr auf 200° C aufheizen und den Teig schon mal mit dem Nudelholz zu einem runden Pizzaboden ausrollen. Auf ein Backpapier geben und das Backpapier auf das Backblech legen.

Der Belag:

6. Die Würstchen je nach Geschmack in Scheiben, Streifen oder Stücke schneiden und die Kirschtomaten in der Hälfte durchschneiden.

7. Die Ränder des Pizzabodens wulstartig hochdrücken und eventuell mit etwas Olivenöl bepinseln.

8. Es kann nun die Tomatensoße aufgetragen und danach der Käse auf die Pizza gerieben werden.

9. Die pikanten Würstchen darauf legen und mit den halbierten Kirschtomaten und Oregano abschließen.

10. Noch ein wenig Olivenöl über die ganze Pizza geben (ganz wenig, etwa 1 EL) und dann 15 Minuten im Backofen goldbraun backen.

11. Wenn die Pizza fertig ist, die Basilikumblätter abzupfen und auf die Pizza legen. Fertig! Bon Appetit!

29. Rohschinken-Pizza mit Rucola und Parmesankäse

Zubereitungszeit: 90 Minuten   *Backzeit: 15 Minuten*

Gesamtzeit: 105 Minuten

Zutaten:

Teig:

- 500 g Mehl
- 1 Hefewürfel (40g)
- 250 ml Wasser
- 2 EL Olivenöl
- 1 EL Salz
- 1 EL Zucker

Soße:

- 1 Dose Tomaten
- 1 Knoblauchzehe
- 1 Zwiebel
- 2 EL Olivenöl
- 1 TL Zucker
- 2 EL Oregano
- Salz
- Pfeffer

Belag:

- Rohschinken
- 1 Päckchen Rucola
- Parmesan

Zubereitung:

Der Teig:

1. In einem kleinen Behälter 3 EL Wasser gießen und die Hefe gemeinsam mit ein wenig Zucker auflösen. Das Wasser muss hierbei lauwarm sein.

2. Mehl und Salz vermengen und die Wassermischung mit dem übrigen Wasser hinzufügen. Nun kann der Teig geknetet werden, das Ganze wird so lange gemacht, bis der Teig geschmeidig ist und nicht mehr klebt, das kann etwa 5-10 Minuten Kneten beanspruchen.

3. Anschließend ein Küchentuch mit ein wenig lauwarmem Wasser benetzen und den Teig damit bedecken. Der Teig sollte dann 30 Minuten an einem warmen Ort ruhen.

4. Nach der Ruhezeit, kann der Teig nun in 4 gleichgroße Teile geschnitten werden und jedes Stück noch einmal durchgeknetet werden. Die Arbeitsfläche dann mit Mehl bestäuben und die Teigstücke eine weitere halbe Stunde gehen lassen.

5. Nun heizt man den Ofen auf 200° C vor und kann schon mit dem Ausrollen des Teiges beginnen.

6. Den Teig mit dem Nudelholz ausrollen, oder auch die Hände dafür benutzen, den Rand wulstartig hochdrücken und auf ein Pergamentpapier legen. Dieses wiederum auf ein Backblech geben und sich nun der Soße und dem Belag widmen.

Die Soße:

7. Die Zwiebel und die Knoblauchzehe klein hacken und in einer Pfanne mit etwas Olivenöl anschwitzen, bis die Zwiebel glasig geworden ist.

8. Die Tomaten aus der Dose hinzufügen und Zucker mit den Gewürzen einrühren.

9. Das Ganze sollte nun einige Minuten lang köcheln und anschließend vom Herd genommen werden.

Der Belag:

10. Den Pizzaboden mit der Soße bestreichen und im Ofen für etwa 15 Minuten backen.

11. Sobald die Pizza fertig ist, kann der Rucola, dann der Rohschinken und schlussendlich der Parmesan darüber gegeben werden, der frisch gehobelt werden sollte.

12. Die Pizza mit ein wenig Olivenöl versehen und genießen.

30. Schinkenpizza mit Lauch und Emmentaler

Zubereitungszeit: 90 Minuten   *Backzeit: 15 Minuten*

Gesamtzeit: 105 Minuten

Zutaten:

Teig:

- 500 g Mehl
- 40 g frische Hefe
- 250 ml Wasser
- 2 EL Olivenöl
- 1 EL Salz
- 1 EL Zucker

Belag:

- 125 g Crème fraîche
- 1 Stange Lauch
- 200 g Schinken
- 50 g Emmentaler
- 3 Dotter
- Butter
- Salz
- Pfeffer

Zubereitung:

Der Teig:

1. In einem kleinen Behälter so viel Wasser einfüllen, dass die Hefe gemeinsam mit dem Zucker aufgelöst werden kann. Das Wasser sollte dabei etwas wärmer als Zimmertemperatur sein.

2. In einer großen Schüssel das Mehl mit dem Salz vermischen und das Öl mit der Wassermischung hinzufügen. Das restliche Wasser hinzufügen und die Zutaten zu einem geschmeidigen Teig kneten, was einige Minuten in Anspruch nehmen kann. Wer möchte kann auch eine Küchenmaschine mit einem Knethaken zum Kneten verwenden.

3. Ein sauberes Geschirrtuch mit ein wenig warmen Wasser befeuchten und den Teig damit bedecken. Der Teig sollte anschließend für eine halbe Stunde an einem warmen Ort in Ruhe gelassen werden.

4. Nachdem der Teig seine Ruhe hatte, kann er in 4 Teile geschnitten werden und jedes Stück noch einmal durchgeknetet werden. Die Arbeitsfläche dann mit Mehl bestäuben und die Teigstücke eine weitere halbe Stunde gehen lassen.

5. Die Teigstücke auf der Arbeitsfläche mit einem Nudelholz ausrollen und den Rand wulstartig in die Höhe drücken. Die Pizzaböden anschließend auf ein mit Backpapier versehenes Backblech legen und sich anschließend auf den Belag konzentrieren.

Der Belag:

6. Den Lauch in Salzwasser schnell blanchieren und Crème fraîche und Dotter mit dem geriebenen Emmentaler Käse verrühren. Das Ganze dann mit Salz und Pfeffer abschmecken.

7. Den Teig mit zerlassener Butter bestreichen und den Lauch in Streifen schneiden.

8. Den Schinken ebenfalls in Streifen schneiden und gemeinsam mit dem Lauch auf der Pizza verteilen.

9. Das Crème fraîche darüber geben und im Ofen für etwa 15 Minuten backen lassen.

31. Schinkenpizza mit Pilzen

Zubereitungszeit: 90 Minuten   *Backzeit: 15 Minuten*

Gesamtzeit: 105 Minuten

Zutaten:

Teig:

- 500 g Mehl
- 1 Hefewürfel
- 250 ml Wasser
- 2 EL Olivenöl
- 1 EL Salz
- 1 EL Zucker

Belag:

- 150 g Tomatensoße
- 150 g Mozzarella
- 150 g Schinken
- 100 g Champignons
- 2 Knoblauchzehen
- Olivenöl
- Oregano
- Pfeffer

Zubereitung:

Der Teig:

1. Ein kleines Gefäß mit 70 ml lauwarmen Wasser zur Hand nehmen und die Hefe hineinbröseln. Die Hefe anschließend mit ein wenig Zucker im Wasser auflösen.

2. Mehl und Salz in einer Schüssel vermengen und Öl mit der Wasser-Hefe-Mischung dem Mehl beifügen. Die übrige Menge an Wasser dazugeben und das Ganze zu einem Teig kneten. Nach einer Weile ist der Teig geschmeidig geworden und klebt auch nicht mehr an der Schüssel. Natürlich kann man auch eine Küchenmaschine mit einem Knethaken zum Kneten verwenden.

3. Ein Küchentuch mit ein wenig lauwarmem Wasser feucht machen und den Teig damit zudecken. Der Teig sollte darauffolgend für etwa 30 Minuten an einem warmen Ort ruhen.

4. Nach einer halben Stunde ist der Teig aufgegangen. Nun kann man ihn in 4 Teile schneiden und jedes Stück noch einmal durchkneten. Die Arbeitsfläche dann mit Mehl bestäuben und die Teilstücke eine weitere halbe Stunde gehen lassen.

5. Den Ofen auf 200° C vorheizen und den Teig schon einmal zu einem Pizzaboden fabrizieren.

6. Dafür ein Nudelholz zur Hand nehmen und den Teig einfach ausrollen. Der Boden kann dann auf ein mit Backpapier ausgelegtem Backblech gelegt werden.

Der Belag:

7. Den Mozzarella abtropfen lassen und in Scheiben schneiden.

8. Den Schinken in breite Streifen schneiden, oder, wer möchte, gleich so lassen.

9. Die Pilze in kleine Scheiben schneiden.

10. Die Ränder des Pizzabodens wulstartig mit den Fingern hochdrücken und die Tomatensoße oder Pizzasoße auf den Teig verteilen.

11. Alle restlichen Lebensmittel, also Mozzarella, Schinken, Champignons und auch klein geschnittene Knoblauchzehen auf die Soße geben.

12. Oregano und Pfeffer darüber geben und das Ganze mit ein wenig Olivenöl beträufeln.

13. Die Pizza kommt nun für 15 Minuten in den Ofen, bis der Käse zerschmolzen ist.

32. Soppressata- und Süßkartoffelpizza

Zubereitungszeit: 120 Minuten   *Backzeit: 15 Minuten*
Gesamtzeit: 135 Minuten

<u>Zutaten:</u>

Teig:

- 500 g Mehl
- 1 Hefewürfel (40g)
- 250 ml Wasser
- 2 EL Olivenöl
- 1 EL Salz
- 1 EL Zucker

Belag:

- 1 EL Butter
- 1 EL Olivenöl
- 1 große Zwiebel
- 1 Zweig Oregano
- 1 EL Oreganoblätter
- 80 ml Balsamessig
- 250 ml Süßkartoffelpüree
- 150 g Mozzarella
- 120 g Soppressata, italienische getrocknete Salami
- Salz
- Pfeffer

<u>Zubereitung:</u>

Der Teig:

1. 70 ml Wasser in eine Schale geben und mit den Fingern zerbröselte Hefe mit ein wenig Zucker auflösen. Das Wasser sollte sehr warm für diesen Vorgang sein.

2. Mehl und Salz in einer Schüssel vermengen und das Öl mit der Hefe hinzufügen. Das restliche Wasser dazugeben und das Ganze zu einem Teig kneten. Es kann einige Knetminuten in Anspruch nehmen, bis der Teig die richtige Konsistenz hat und nicht mehr an der Schüssel klebt. Wer möchte, kann es sich leichter machen und eine Küchenmaschine mit einem Knethaken zum Kneten verwenden.

3. Ein Geschirrtuch mit ein wenig lauwarmem Wasser feucht machen und den Teig damit bedecken. Der Teig sollte anschließend 30 Minuten an einem warmen Ort ruhen.

4. Nachdem der Teig seine Ruhe hatte, kann er in 4 Teile geschnitten werden und jedes Stück noch einmal durchgeknetet werden. Die Arbeitsfläche dann mit Mehl bestäuben und die Teigstücke eine weitere halbe Stunde gehen lassen.

5. Den Teig ausrollen und den Ofen auf 200° C einstellen. Den Teig auf ein Backpapier und das Backpapier auf ein Backblech. Den Rand des Teiges mit den Fingern wulstig hochdrücken.

Der Belag:

6. Butter in einer großen Pfanne gemeinsam mit Olivenöl zum Schmelzen bringen.

7. Die Zwiebel und den Oreganozweig hinzufügen und für etwa 5 Minuten bei geschlossenem Deckel braten. Immer wieder umrühren, bis alles weich ist.

8. 2 EL Wasser hinzufügen und so lange weiter braten, bis die Zwiebel karamellisiert ist. Das Ganze kann etwa 10 Minuten dauern. Mehr Wasser hinzufügen, falls nötig.

9. Anschließend den Essig hinzufügen und umrühren, bis alles verdampft ist. Dies kann weitere 10 Minuten dauern.

10. Nachdem alles verdampft ist, kann der Oreganozweig entfernt und die Zwiebel mit Salz und Pfeffer gewürzt werden.

11. Das Püree aus den Süßkartoffeln auf den Pizzaboden streichen und mit Mozzarella, Zwiebel und Soppressata belegen. Oben drauf noch ein paar Oreganoblätter geben und für ca. 15 Minuten im Ofen backen lassen.

Eine Reise um die Welt

33. Amerikanische BBQ-Pizza

Zubereitungszeit: 110 Minuten   *Backzeit: 15 Minuten*
Gesamtzeit: 125 Minuten

Zutaten:

Teig:

- 500 g Mehl
- 1 Hefewürfel (40g)
- 250 ml Wasser
- 2 EL Olivenöl
- 1 EL Salz
- 1 EL Zucker

Belag:

- 1 EL Olivenöl
- 200 g Hühnerbrust
- 2 EL BBQ-Soße
- 100 g Cheddar
- 100 g Fontina-Käse
- ¼ einer kleinen Zwiebel
- Ranch-Dressing
- Schnittlauch
- Salz
- Pfeffer

Zubereitung:

Der Teig:

1. Das lauwarme Wasser in eine kleine Schüssel gießen und Hefe hineinbröseln. Anschließend gemeinsam mit ein wenig Zucker auflösen.

2. Mehl und Salz in einer großen Schüssel vermengen und Öl und Wassermischung hinzufügen. Das restliche Wasser dazugeben und das Ganze zu einem Teig kneten. Es kann einige Minuten dauern, bis der Teig die richtige Konsistenz hat und nicht mehr an der Schüssel klebt. Theoretisch kann man auch eine Küchenmaschine mit einem Knethaken zum Kneten verwenden.

3. Ein Küchentuch mit ein wenig lauwarmem Wasser etwas feucht machen und den Teig damit bedecken. Der Teig sollte anschließend 30 Minuten an einem warmen Ort ruhen.

4. Nachdem der Teig seine Ruhe hatte, kann er in 4 Teile geschnitten werden und jedes Stück noch einmal durchgeknetet werden. Die Arbeitsfläche dann mit Mehl bestäuben und die Teigstücke eine weitere halbe Stunde gehen lassen.

5. Den Ofen auf 200° C aufheizen und den Teig ausrollen.

Der Belag:

6. In einer Pfanne ein wenig Öl platzieren und das Hühnchen goldig anbraten. Etwa 6 Minuten pro Seite. Das Hühnchen mit Salz und Pfeffer würzen.

7. In einer hitzebeständigen Pfanne wieder Öl platzieren. Den Teig in die Pfanne legen.

8. Die BBQ-Soße auf die Pizza streichen und mit Cheddar, Fontina, Hühnchen und Zwiebel belegen.

9. Den Rand mit Olivenöl bepinseln und etwas Salz auf die Pizza streuen.

10. Die Pizza kommt nun für etwa 15-25 Minuten in den Ofen.

11. Wenn du Pizza fertig ist kann sie mit mehr BBQ-Soße, Ranch-Dressing und Schnittlauch serviert werden.

34. Asiatische Pizza

Zubereitungszeit: 110 Minuten   *Backzeit: 15 Minuten*

Gesamtzeit: 125 Minuten

Zutaten:

Teig:

- 500 g Mehl
- 1 Hefewürfel (40g)
- 250 ml Wasser
- 2 EL Olivenöl
- 1 EL Salz
- 1 EL Zucker

Marinade:

- ½ TL Kümmel
- ½ TL Cayenne Pfeffer
- ½ TL Garam Masala
- ½ TL frischer Ingwer, fein zerhackt
- ¼ TL Salz
- ¼ TL schwarzer
- Pfeffer
- 1 EL Zitronensaft
- 2 EL Joghurt
- Zimt

Tomatensoße:

- 120 g Tomatensoße
- 2 EL Joghurt
- 2 EL Sahne

Gewürzmischung:

- ½ TL Kümmel
- ½ TL Paprika
- ½ TL Garam Masala

Belag:

- 300 g Hühnerbrust in kleine Stücke geschnitten
- 1 EL Butter
- 2 Knoblauchzehen,
- zerhackt
- ½ Jalapeño, entkernt
- 1 kleine Zwiebel, fein geschnitten
- Mozzarella
- Olivenöl
- Salz

Zubereitung:

Der Teig:

1. 70 ml Wasser in ein kleines Gefäß geben und die Hefe hineinbröseln und gemeinsam mit ein wenig Zucker auflösen. Das Wasser sollte dabei etwas wärmer als Zimmertemperatur sein.

2. In einer großen Schüssel Mehl und Salz vermengen und Öl mit der Wassermischung hinzufügen. Die übrige Menge an Wasser dazugeben und das Ganze zu einem Teig kneten.

Es kann einige Minuten dauern, bis der Teig die richtige Konsistenz hat und nicht mehr an der Schüssel klebt. Natürlich könnte man auch eine Küchenmaschine mit einem Knethaken zum Kneten verwenden, wer es sich einfacher machen möchte.

3. Ein Küchentuch mit ein wenig lauwarmem Wasser befeuchten und den Teig damit bedecken. Der Teig sollte anschließend 30 Minuten an einem warmen Ort ruhen.

4. Nachdem der Teig seine Ruhe hatte, kann er in 4 Teile geschnitten werden und jedes Stück noch einmal durchgeknetet werden. Die Arbeitsfläche dann mit Mehl bestäuben und die Teilstücke eine weitere halbe Stunde gehen lassen.

5. Den Ofen auf 220° C vorheizen und den Teig zu einem Pizzaboden ausrollen. Den Teilboden dann auf ein mit Backpapier versehenes Backblech geben und den Rand wulstartig hochdrücken. Eventuell mit Olivenöl bepinseln.

Der Belag:

6. Für die Marinade alle Zutaten in einer Schüssel vermengen und das Huhn darin einlegen. Für etwa 1 Stunde in der Marinade im Kühlschrank ziehen lassen.

7. Auf einem Backblech Aluminiumfolie legen und das marinierte Huhn auf die Folie legen. Den Rest der Marinade abstreichen und dann im Ofen bei 220° C für etwa 7 Minuten backen lassen.

8. Inzwischen kann die Tomatensoße und auch die Gewürzmischung zubereitet werden.

9. Dafür in einer kleinen Pfanne Butter schmelzen lassen und Knoblauch und Jalapeño für ein paar Minuten anbraten. Die Gewürzmischung hinzufügen und etwa 1-2 Minuten braten lassen. Die Jalapeños aus den Topf nehmen und beiseitestellen.

10. Die Tomatensoße hinzufügen und gut umrühren. Mit Salz abschmecken und so lange köcheln lassen, bis eine dicke Soße daraus entsteht.

11. Die Hitze zurückdrehen und das Hühnchen hinzufügen. Das Fleisch gut in die Soße einrühren.

12. Nun den Ofen auf 200 ° C einstellen.

13. Den Pizzaboden leicht mit Olivenöl bepinseln und die Soße auf der Pizza verteilen. Etwas Käse darüber streuen und das Hühnerfleisch auf der Pizza verteilen. Das Ganze mit Zwiebelscheiben und gehacktem Koriander abschließen und etwa 15 Minuten im Ofen backen lassen.

35. Marokko Pizza

Zubereitungszeit: 30 Minuten *Backzeit: 10 Minuten*
Gesamtzeit: 40 Minuten

Zutaten:

- 4 Pita-Brötchen
- 2 TL Olivenöl
- 250 g gebratenes Hühnchen
- 225 ml Marinara-Soße
- ½ TL Kümmel
- ¼ TL Zimt
- 25 g geriebene Karotten
- 100 g geriebener Mozzarella
- 2 Zwiebeln
- einige grüne Oliven
- Pfeffer

Zubereitung:

1. Den Ofen auf 220° C vorheizen und Aluminiumfolie auf das Backblech geben. Die aufgeschnittenen Pita-Brötchen auf die Folie legen und mit etwas Olivenöl bestreichen.

2. In einer großen Schüssel Hühnchen, Marinara-Soße, Kümmel, Zimt und etwas Pfeffer geben und gut umrühren, bis das Hühnchen damit gut bedeckt ist.

3. Das Gemisch auf die Pitas legen und Karotten, Oliven und Mozarella ebenfalls darauf verteilen.

4. Das Ganze wird nun für etwa 10-15 Minuten im Ofen gebacken, bis der Käse geschmolzen ist und die Pitas knusprig sind. Das Ganze kann nun mit ein paar Zwiebelscheiben

36. Mexikanisch-Texanische Pizza

Gesamtzeit: 25 Minuten

Zutaten:

- 4 Tortillas aus Mehl
- 1 Dose fettfreie Bohnen
- ½ TL Chilipulver
- ¼ TL Kümmel
- 1 Dose Kidney-Bohnen ohne Salz
- 240 g geriebener Jack Paprikakäse
- 1 Avocado
- 240 ml Tomatensoße mit Stücken
- Römersalat, geschnitten
- Zitronen

Zubereitung:

1. Den Ofen auf 240° C vorheizen und zwei Backbleche mit ein wenig Fett einstreichen. Jeweils 2 Tortillas darauf platzieren.

2. Die Bohnen, Chilipulver und Kümmel vermengen und auf die Fladen verteilen. Mit etwas Kidney-Bohnen, Käse und Avocado-Scheiben belegen und für 12 Minuten in den Ofen schieben.

3. Sobald die Tortillas knusprig geworden sind, können sie mit der Tomatensoße und den Römersalat belegt und mit ein paar Spritzer einer Zitrone beträufelt werden. Fertig.

37. Schweizer Pizza

Zubereitungszeit: 110 Minuten   *Backzeit: 15 Minuten*
Gesamtzeit: 125 Minuten

Zutaten:

Teig:

- 500 g Mehl
- 1 Hefewürfel (40g)
- 250 ml Wasser
- 2 EL Olivenöl
- 1 EL Salz
- 1 EL Zucker

Belag:

- 2 EL Olivenöl
- 2 italienische Würstchen
- 2 Knoblauchzehen
- 2 Bündel Mangold
- 120 g Mozzarella
- Schweizer Käse
- Salz
- Pfeffer

Zubereitung:

Der Teig:

1. In einem Gefäß 70 ml Wasser geben und den Hefe hineinbröseln und gemeinsam mit ein wenig Zucker auflösen. Das Wasser sollte dabei etwas wärmer als Zimmertemperatur sein.

2. In einer Schüssel Mehl und Salz vermischen und das Öl mit der Wassermischung hinzufügen. Die übrige Menge an Wasser dazugeben und das Ganze zu einem Teig kneten. Es kann einige Minuten dauern, bis der Teig die richtige Konsistenz hat und nicht mehr an der Schüssel klebt. Theoretisch kann man auch eine Küchenmaschine mit einem Knethaken zum Kneten verwenden.

3. Ein Küchentuch mit ein wenig lauwarmem Wasser etwas feucht machen und den Teig damit bedecken. Der Teig sollte dann eine halbe Stunde an einem warmen Ort ruhen.

4. Nachdem der Teig seine Ruhe hatte, kann er in 4 Teile geschnitten werden und jedes Stück noch einmal durchgeknetet werden. Die Arbeitsfläche dann mit Mehl bestäuben und die Teigstücke eine weitere halbe Stunde gehen lassen.

5. Den Teig mit einem Nudelholz ausrollen und auf ein Backblech mit Backpapier geben. (Das Backpapier noch vorher mit etwas Olivenöl bestreichen) Den Rand wulstartig hochdrücken und auf die Weiterverwendung warten.

6. Den Ofen auf 200° C vorheizen.

Der Belag:

7. 1 EL Olivenöl in einer großen Pfanne bei mittlerer Hitze erhitzen. Die Würstchen anbraten und sie dabei mit einem Kochlöffel zerdrücken. So lange braten, bis die Wurst leicht bräunlich geworden ist, das kann etwa 7-8 Minuten dauern. Die Würstchen dann auf einem Teller mit Küchenpapier abtupfen.

8. Mit dem restlichen Öl in der Pfanne, eventuell muss noch etwas dazu gegeben werden, kann nun der zerhackte Knoblauch bei mittlerer Hitze für etwa 1 Minute angebraten werden. Das Mangold ebenfalls zerhacken und zum Knoblauch hinzufügen. 4 Minuten garen, bis das Mangold weich geworden ist. Dann mit Salz und Pfeffer würzen und auf ein Sieb geben; das Fett abtropfen lassen.

9. Den Mozzarella klein schneiden und dann auf den Pizzaboden mit den Würstchen und den Mangold geben. Abschließend mit Mozzarella und etwas Schweizer Käse belegen und für 15 Minuten in den Ofen schieben.

38. Spanische Pizza

Zubereitungszeit: 100 Minuten   *Backzeit: 20 Minuten*
Gesamtzeit: 120 Minuten

Zutaten:

Teig:

- 500 g Mehl
- 1 Hefewürfel (40g)
- 250 ml Wasser
- 2 EL Olivenöl
- 1 EL Salz
- 1 EL Zucker

Belag:

- 1 TL Olivenöl
- 120 ml Marinara-Soße
- 70 g spanische Wurst, Chorizo
- 100 g Manchego Käse
- 50 g geröstete rote Paprikaschoten
- ½ rote Zwiebel
- 3 EL gehackte frische Petersilie.

Zubereitung:

Der Teig:

1. Etwa die Hälfte des lauwarmen Wassers in eine kleine Schüssel oder einen Behälter geben. Die Hefe zur Hand nehmen und in das Wasser hineinbröckeln. Die Hefe wird nun mit ein wenig Zucker aufgelöst.

2. In einer separaten Schüssel kommen Mehl und Salz und werden vermengt. Daraufhin werden Öl, Hefe-Wasser und das übrige lauwarme Wasser beigefügt und das Ganze zu einem glatten Teig kneten. Es dauert eine Weile, bis der Teig geschmeidig geworden ist. Wer es sich einfacher machen möchte, benutzt einen Knethaken und eine Maschine zum Kneten.

3. Ein Küchentuch mit ein wenig lauwarmem Wasser feucht machen und den Teig damit zudecken. Der Teig sollte anschließend 30 Minuten an einem warmen Ort ruhen.

4. Nachdem der Teig seine Ruhe hatte, kann er in 4 Teile geschnitten werden und jedes Stück noch einmal durchgeknetet werden. Die Arbeitsfläche dann mit Mehl bestäuben und die Teilstücke eine weitere halbe Stunde gehen lassen.

5. Den Ofen auf 200° C vorheizen und die Teilstücke zu einem Pizzaboden mit den Handballen weg vom Körper gedrückt oder mit dem Nudelholz ausrollen.

6. Ein Backpapier mit ein wenig Olivenöl bepinseln und den Pizzaboden darauf legen.

Der Belag:

7. Den Pizzaboden mit der Marinara-Soße gleichmäßig bestreichen.

8. Käse, rote Paprika und Zwiebelringe auf die Soße legen und für 15-20 Minuten im Ofen goldbraun ausbacken.

9. Sobald die Pizza fertig ist, aus den Ofen nehmen und mit etwas Petersilie garnieren.

Listo!

39. Thai-Pizza mit Huhn

Zubereitungszeit: 140 Minuten   *Backzeit: 30 Minuten*
Gesamtzeit: 170 Minuten

Zutaten:

Teig:

- 500 g Mehl
- 1 Hefewürfel (40g)
- 250 ml Wasser
- 2 EL Olivenöl
- 1 EL Salz
- 1 EL Zucker

Belag:

- 125 g Erdnussbutter
- 120 ml Hoisin-Sauce
- 60 ml Honig
- 60 ml Reisessig
- 2 Knoblauchzehen
- 2 TL frischer Ingwer
- 2 EL Sesamöl
- 2 EL Sojasoße
- 1 TL Chilisoße
- 1 EL Austern-Sauce
- 1 EL Fisch-Soße
- 120 ml kochendes Wasser
- gebratenes Huhn in kleinen Stücken
- 1 rote Paprika
- 1 Karotte
- Mungobohnen
- 1 Zwiebel
- 1 Bund Koriander
- 1 Zitrone
- 100 g Gouda-Käse

Zubereitung:

Der Teig:

1. In einem kleinen Behälter mit 70 ml Wasser Hefe hineinbröseln und gemeinsam mit ein wenig Zucker auflösen. Das Wasser sollte dabei ziemlich warm sein.

2. In einer großen Schüssel Mehl und Salz vermischen, das Öl und die Wassermischung hinzufügen. Wasser dazugeben und das Ganze zu einem Teig kneten. Es kann einige Minuten dauern, bis der Teig die richtige Konsistenz hat und nicht mehr an der Schüssel klebt. Theoretisch kann man auch eine Küchenmaschine mit einem Knethaken zum Kneten verwenden.

3. Ein warmes Tuch mit ein wenig Wasser befeuchten und den Teig damit bedecken. Der Teig sollte anschließend 30 Minuten an einem warmen Ort ruhen.

4. Nachdem der Teig seine Ruhe hatte, kann er in 4 Teile geschnitten werden und jedes Stück noch einmal durchgeknetet werden. Die Arbeitsfläche dann mit Mehl bestäuben und die Teigstücke eine weitere halbe Stunde gehen lassen.

5. Den Teig mit einem Nudelholz oder mit dem Handballen zu einen runden Pizzaboden formen und auf ein mit Backpapier ausgelegtem Backblech geben.

6. Den Rand mit den Fingern wulstartig hochdrücken und auf die Weiterverwendung warten.

Der Belag:

7. In einem Topf Erdnussbutter, alle Soßen, Honig, Essig, Ingwer, Knoblauch und Sesamöl zusammenmischen. Die Masse wird sehr dick sein. Das wird sich später noch ändern.

8. Den Topf auf den Herd stellen und die Masse ein wenig köcheln lassen. So viel Wasser hinzufügen, dass die Konsistenz leicht cremig geworden ist. Am besten ist es, wenn sie cremig gut zum Verstreichen ist.

9. Das Gemüse in kleine Stücke schneiden, die Karotten reiben und die Zitronen vierteln, um sie später zu verwenden.

10. Auf den Pizzateig kommt nun die Soße, sämtliche Gemüse und Monterrey Jack Käse.

11. Die Pizza nun im vorgeheizten Ofen bei 200° C für etwa 15-30 Minuten backen. Herausnehmen und anschließend mit Koriander und ein paar Spritzer der Zitrone servieren.

40. Türkische Pizza

Zubereitungszeit: 80 Minuten   *Backzeit: 20 Minuten*
Gesamtzeit: 100 Minuten

Zutaten:

Teig:

- 1 EL Trockenhefe
- ½ EL Olivenöl
- ½ EL Honig
- 110 g Weizenmehl
- 110 g griffiges Mehl
- ½ TL Salz
- 140 ml lauwarmes Wasser

Belag:

- 1 kleine Zwiebel
- 450 g Hackfleisch aus Lamm oder Rind
- 1 Knoblauchzehe
- getrocknete Tomaten
- 1 EL scharfe türkische Gewürzpaste
- ½ TL Kümmel
- 4 große Eier
- 2 EL Petersilie
- Olivenöl
- Salz
- Pfeffer
- Käse

Zubereitung:

Der Teig:

1. Die Mehlsorten in einer kleinen Schüssel mit Salz vermengen. In einer separaten großen Schüssel lauwarmes Wasser und Honig vermengen. Anschließend Trockenhefe darüber streuen und für 5 Minuten ruhen lassen, bis es schäumt.

2. Das Olivenöl hinzufügen und unterrühren.

3. Anschließend das Mehl in die Flüssigkeit kippen und die Masse zu einem geschmeidigen Teig kneten. Der Teig könnte ein wenig klebrig sein. Das macht jedoch nichts.

4. Eine zweite Schüssel mit etwas Olivenöl beträufeln und den Teig in die Schüssel geben. Dann mit Plastikfolie zudecken und für etwa 1 Stunde an einem warmen Ort gehen lassen.

Der Belag:

5. 1 EL Olivenöl in einer Pfanne erhitzen und die klein würfelig geschnittene Zwiebel glasig anschwitzen.

6. Das Hackfleisch und den zerhackten Knoblauch hinzufügen und mit Salz und Pfeffer würzen.

7. Das Ganze wird nun bei ziemlich hoher Hitze für etwa 3 Minuten angebraten, bis das Fleisch komplett die Farbe gewechselt hat.

8. Ein paar getrocknete Tomaten, je nach Geschmack, hinzufügen und mit der scharfen türkischen Gewürzpaste und Kümmel für eine weitere Minute garen lassen.

9. Das Ganze von der Hitze nehmen und eventuell noch einmal mit Salz und Pfeffer abschmecken.

10. Den Ofen auf 230 °C vorheizen.

11. Eine Arbeitsfläche mit Mehl bestäuben und den Teig in 4 gleiche Stücke teilen. Den Pizzaboden ausrollen und für 2 Minuten im Ofen in der niedrigsten Schiene backen lassen.

12. Anschließend das Hackfleisch auf den Pizzaboden legen und den Rand mit Olivenöl bepinseln.

13. Dann werden die Eier in der Mitte der Pizzen aufgeschlagen und die Pizza für weitere 6 Minuten, oder eventuell mehr, goldbraun ausgebacken. Wenn die Pizza fertig ist, kann sie aus den Ofen genommen werden und die Petersilie auf der Pizza verteilt werden. Fertig ist die türkische Pizza.

Vegetarische Pizzen

41. Aubergine-Pizza

Zubereitungszeit: 60 Minuten　　*Backzeit: 10 Minuten*
Gesamtzeit: 50 Minuten

Zutaten:

- 1 Aubergine, groß
- 3 EL Olivenöl
- 2 Knoblauchzehen
- 240 g Tomaten in Stücken

- 10 Basilikumblätter
- 35 g geriebener Mozzarella
- 35 g Parmesan
- 1 EL Salz

- 3 TL italienische Kräuter
- 1 TL Oregano

Zubereitung:

1. Die Aubergine gut waschen. Die zwei Enden abschneiden und aus der Aubergine jeweils 2 cm dicke Scheiben produzieren.

2. Die Scheiben auf Küchenpapier legen und beidseitig salzen. Die Auberginen erst einmal rasten lassen, so dass sie Feuchtigkeit verlieren. Dabei das Backrohr schon mal auf 190° C aufheizen.

3. Nach 30 Minuten kann das Gemüse trocken getupft und auf ein mit Backpapier ausgelegtem Backblech gelegt werden.

4. Die Scheiben mit 2 EL Olivenöl bepinseln und italienische Kräuter auf diese rieseln lassen.

5. Die Auberginen nun im Ofen für 25 Minuten backen lassen.

6. Inzwischen kann der Knoblauch geschält und klein zerhackt werden. In einer Pfanne anschließend etwas Olivenöl erwärmen und den Knoblauch hinzufügen. Garen bis der Knoblauch weich geworden ist.

7. Sobald der Knoblauch fertig ist, können die Tomatenstücke dazugegeben und mit 1 TL italienische Kräuter und Oregano gewürzt werden.

8. Die Soße dann köcheln lassen, bis sie dick geworden ist. Die Basilikumblätter nun waschen und klein schneiden.

9. Die Auberginen-Scheiben aus den Ofen nehmen und mit Tomatensoße, Basilikum und anschließend geriebenen Parmesan und geriebenen Mozzarella darüber streuen.

10. Die Auberginen weitere 5 Minuten im Ofen backen oder bis der Käse gut geschmolzen ist.

42. Avocado-Pizza

Zubereitungszeit: 100 Minuten   *Backzeit: 15 Minuten*
Gesamtzeit: 115 Minuten

Zutaten:

Teig:

- 500 g Mehl
- 1 Hefewürfel (40 g)
- 250 ml Wasser
- 2 EL Olivenöl
- 1 EL Salz
- 1 EL Zucker

Belag:

- 4 Avocados
- 4 EL Pesto
- 2 Frühlingszwiebel
- 2 EL Olivenöl
- ½ Bund Basilikum
- Meersalz
- etwas Mehl

Zubereitung:

Der Teig:

1. In einem Behälter 70 ml Wasser gießen und Hefe mit den Fingern in diesen bröckeln. Anschließend gemeinsam mit ein wenig Zucker im lauwarmen Wasser auflösen.

2. Mehl mit Salz in einer großen Schüssel vermischen und das Öl mit der Wassermischung hinzufügen. Das restliche Wasser hinzufügen und das Ganze zu einem Teig kneten. Nach einigen Knetminuten ist der Teig geschmeidig geworden und klebt nicht mehr. Theoretisch kann auch eine Küchenmaschine mit einem Knethaken zum Kneten benutzt werden.

3. Ein Geschirrtuch mit ein wenig lauwarmem Wasser befeuchten und den Teig damit bedecken. Der Teig sollte anschließend 30 Minuten an einem warmen Ort ruhen.

4. Nachdem der Teig etwas doppelt so groß geworden ist, kann er in 4 Teile geschnitten werden und jedes Stück noch einmal durchgeknetet werden. Die Arbeitsfläche dann mit Mehl bestreuen und die Teigstücke eine weitere halbe Stunde gehen lassen.

5. Den Teig zu einem kreisrunden Pizzaboden ausrollen und auf ein mit Pergamentpapier versehenes Backblech legen. Theoretisch kann das Backblech auch einfach mit ein wenig Fett beschmiert werden. Den Rand nun wulstartig in die Höhe drücken und eventuell mit ein wenig Olivenöl bestreichen.

6. Den Ofen auf 200°C vorheizen.

Der Belag:

7. Das Pesto auf den Pizzaboden schmieren und für etwa 15 Minuten im Ofen backen lassen.

8. Inzwischen können die Frühlingszwiebeln in kleine Ringe geschnitten und die Blätter des Basilikumbündels abgerupft werden.

9. Die Avocado in die Hälfte schneiden, den Stein mit einem Löffel entfernen und das Fruchtfleisch herauslöffeln. Diese dann in Scheiben schneiden.

10. Die Pizza aus den Ofen nehmen und nun alle Zutaten auf der Pizza verteilen. Am Schluss noch ein wenig Salz auf die Pizza streuen und mit ein wenig Olivenöl beträufeln – Voilà!

43. Birnen-Pizza mit Gorgonzola

Zubereitungszeit: 120 Minuten   *Backzeit: 15 Minuten*
Gesamtzeit: 135 Minuten

<u>Zutaten:</u>

Teig:

- 500 g Mehl
- 1 Hefewürfel (40 g)
- 250 ml Wasser
- 2 EL Olivenöl
- 1 EL Salz
- 1 EL Zucker

Belag:

- 2 Birnen
- 1 Faust geschälte und geröstete Walnüsse
- 1 EL rote
- Pfefferkörner
- 100 g Gorgonzola
- 100 g Frischkäse
- 1 Eigelb
- 1 EL Milch
- 3 Salbeiblätter
- Muskatnuss
- Zucker
- Salz
- frischer Pfeffer

<u>Zubereitung:</u>

Der Teig:

1. In einem kleinen Behälter etwas Wasser füllen und Hefe hineinbröseln, dann gemeinsam mit ein wenig Zucker auflösen. Darauf achten, dass das Wasser lauwarm ist.

2. In einer Schüssel mit Mehl und Salz vermengt, Öl und Wassermischung hinzufügen. Das übrige Wasser dazugeben und das Ganze zu einem Teig kneten. Bis der Teig die richtige Konsistenz hat, kann es etwas dauern. Deswegen sollte man den Teig etwa 5-10 Minuten kneten. Natürlich kann man auch eine Küchenmaschine mit einem Knethaken zum Kneten verwenden.

3. Ein Küchentuch mit ein wenig lauwarmem Wasser etwas feucht machen und den Teig damit bedecken. Der Teig sollte anschließend 30 Minuten an einem warmen Ort ruhen.

4. Nachdem der Teig seine Ruhe hatte, kann er in 4 Teile geschnitten werden und jedes Stück noch einmal durchgeknetet werden. Die Arbeitsfläche dann mit Mehl bestäuben und die Teigstücke eine weitere halbe Stunde gehen lassen.

5. Den Teig wie immer mit dem Handballen und dem Nudelholz ausrollen und den Rand des Pizzabodens wulstartig in die Höhe drücken. Diesen dann auf ein Backblech, entweder mit Backpapier oder Fett versehen, legen und das Rohr auf 200° C aufheizen.

Der Belag:

6. Die Creme wird folgendermaßen zubereitet: Den Gorgonzola Käse erst einmal mit einer Gabel zerdrücken und Frischkäse, Eigelb und Milch hinzufügen. Das Ganze mit einem Kochlöffel zu einer Creme rühren.

7. Anschließend sollte das Ganze mit Zucker, Muskatnuss, Salz und Pfeffer gewürzt und abgeschmeckt werden und kleine Salbei-Streifen darunter gerührt werden, aber nur leicht.

8. Die Birnen werden nun geschält und geviertelt. Das Kerngehäuse sollte entfernt werden und die Birnen nun in dünne Scheiben geschnitten werden.

9. Den Pizzaboden nehmen und die Creme darauf verstreichen. Anschließend mit Birnen belegen und zum Abschluss Walnüsse und Pfefferkörner über die Pizza regnen lassen.

10. Die Pizza kommt nun für etwa 10-15 Minuten in den Ofen, bis der Teig nur etwas braun ist. Danach kann die Pizza mit Honig und Rucola garniert werden.

44. Brokkoli-Pizza mit Schafskäse

Zubereitungszeit: 90 Minuten   *Backzeit: 25 Minuten*

Gesamtzeit: 115 Minuten

Zutaten:

Teig:

- 500 g Mehl
- 6 g Trockenhefe
- 350 g Wasser
- 2 EL Olivenöl
- 1 Ei
- 1 TL Salz

Belag:

- 1 Brokkoli
- 250 g Schafskäse
- 1 Zitrone
- Olivenöl
- Salz
- Pfeffer

Zubereitung:

Der Teig:

1. Als erstes wird der Hefeteig zubereitet. Dafür in einer kleinen Schüssel Hefe, lauwarmes Wasser und Zucker verrühren und 5 Minuten gehen lassen.

2. Das Mehl in eine separate Schüssel kippen und eine kleine Mulde in der Mitte des Mehls formen. Das Hefe-Zucker-Wasser nun in die Mulde geben und mit dem Mehl vermengen.

3. Diesen Teig nun zugedeckt an einem warmen Ort für etwa eine halbe Stunde ruhen lassen.

4. Nach der Ruhezeit kann nun ein Ei und Salz in den Teig geknetet werden und wieder 10 Minuten an einem warmen Ort ruhen lassen. Später nochmal kneten, bis der Teig geschmeidig glatt geworden ist.

5. Um den Teig zu einem Pizzaboden zu formen, kann ein Nudelholz oder der Handballen zur Hilfe genommen werden. Für die Technik mit dem Handballen sollte dieser auf den Teig weg vom Körper gedrückt werden, bis der Boden die gewünschte Dicke hat. Danach sollte der Ofen auf 160° C gestellt und der Teig auf ein mit Backpapier ausgelegtem Backblech gelegt werden.

6. Den Rand mit den Fingern noch wulstartig hochdrücken und fertig ist der Grund der Pizza.

Der Belag:

7. Den Brokkoli klein schneiden und in etwas Wasser mit Salz eine Minute kochen lassen. Anschließend kaltes Wasser über den Brokkoli gießen.

8. Den Schafskäse mit Salz und Pfeffer würzen und eventuell ein wenig einer Zitronenschale darauf reiben.

9. Alle Zutaten können nun gleichzeitig auf der Pizza vereint werden und mit etwas Olivenöl beträufelt werden.

10. Die Pizza kommt nun für 20-25 Minuten in den Backofen, und wird so lange gebacken, bis der Rand schön goldbraun geworden ist.

45. Pizza mit Bärlauch

Zubereitungszeit: 90 Minuten   *Backzeit: 15 Minuten*

Gesamtzeit: 105 Minuten

Zutaten:

Teig:

- 500 g Mehl
- 1 Hefewürfel (40 g)
- 250 ml Wasser
- 2 EL Olivenöl
- 1 EL Salz
- 1 EL Zucker

Belag:

- 1 Hand voll Bärlauch
- ½ Dose Tomatensoße
- 8 Scheiben Prosciutto
- 125 g geräucherter Ricotta
- 100 g geriebener Parmesan
- 1 TL Oregano
- Olivenöl

Zubereitung:

Der Teig:

1. Die Hälfte des Wassers in einen kleinen Behälter gießen und die Hefe hineinbröseln und gemeinsam mit ein wenig Zucker auflösen. Das Wasser sollte dabei etwas wärmer als Zimmertemperatur sein.

2. In einer Schüssel Mehl und Salz vermischen und das Öl mit der Wassermischung hinzufügen. Die übrige Menge an Wasser dazugeben und das Ganze zu einem Teig kneten. Es kann einige Minuten dauern, bis der Teig die richtige Konsistenz hat und nicht mehr an der Schüssel klebt. Theoretisch kann man auch eine Küchenmaschine mit einem Knethaken zum Kneten verwenden.

3. Ein Küchentuch mit ein wenig lauwarmem Wasser etwas feucht machen und den Teig damit bedecken. Der Teig sollte anschließend 30 Minuten an einem warmen Ort ruhen.

4. Nachdem der Teig seine Ruhe hatte, kann er in 4 Teile geschnitten werden und jedes Stück noch einmal durchgeknetet werden. Die Arbeitsfläche dann mit Mehl bestäuben und die Teigstücke eine weitere halbe Stunde gehen lassen.

5. Die Teigstücke anschließend mit dem Nudelwalker ausrollen und die Ränder wulstartig hochdrücken. Nachdem der Teig zu einem schönen Pizzaboden ausgerollt wurde, kann er nun auf ein Backblech mit einem Backpapierstück gelegt werden.

Der Belag:

6. Auf den Boden der Pizza die Tomatensoße streichen und mit Prosciutto und Ricotta belegen. Anschließend Bärlauch und Oregano mit Parmesan über die Pizza streuen und ein wenig Olivenöl darüber spritzen lassen.

7. Die Pizza nun für etwa 15 Minuten backen lassen.

46. Fladenbrot-Pizza

Zubereitungszeit: 10 Minuten   *Backzeit: 20 Minuten*
Gesamtzeit: 30 Minuten

Zutaten:

- 4 Stück Fladenbrot
- 60 g Basilikumblätter
- 35 g Pinienkerne
- 25 g Parmesan
- 60 ml Olivenöl
- 55 g in Öl eingelegte getrocknete Tomaten
- 2 Maiskolben
- 2 Knoblauchzehen
- Ziegenkäse
- Salz
- Pfeffer

Zubereitung:

1. Den Ofen auf 230° C vorheizen.

2. In einem Standmixer Basilikum, Pinienkerne, Parmesan und Knoblauch mixen und während des Vorgangs das Olivenöl dazugeben, bis alles eine gleichmäßige Masse ergibt. Mit Salz und Pfeffer würzen.

3. Die Maiskörner des Kolbens entfernen und gemeinsam mit 1 EL Olivenöl und Salz und Pfeffer vermengen.

4. Das Fladenbrot auf ein Backpapier geben und das Pesto darauf verteilen. Dann Ziegenkäse, Mais und Tomaten hinzufügen und im Rohr für etwa 8-10 Minuten backen.

47. Gemüsepizza mit Pesto

Zubereitungszeit: 30 Minuten   *Backzeit: 30 Minuten*

Gesamtzeit: 60 Minuten

Zutaten:

Pizzaboden:

- 400 g Blumenkohl
- 60 g geriebener Parmesan
- 1 Ei
- 1 TL Salz

Belag:

- 60 g Mozzarella-Streifen
- 5 EL Pesto
- 1 EL fein gehackter Thymian
- ½ grüne Zucchini – in Scheiben
- ½ gelbe Zucchini – in Scheiben
- 40 g Rotkohl-Streifen
- 40 g klein gewürfelter Feta

Zubereitung:

1. Den Blumenkohl in den Mixer brechen und ein wenig pürieren.

2. In einer Schüssel den Blumenkohl mit Parmesan und Ei vermengen. Mit dem „Teig" einen Pizzaboden formen, diesen dann auf ein mit Pergamentpapier versehenes Backblech legen. Falls ein Pizzastein vorhanden ist, das Blumenkohl-Gemisch auf diesen verteilen.

3. Diesen dann etwa 20-30 Minuten backen lassen und dann aus den Ofen herausnehmen.

4. Den Blumenkohl mit grünem Pesto beschmieren und Mozzarella auf das Pesto streuen.

5. Rotkohl und Zucchini darüber legen und abschließend mit Feta und Thymian bestreuen.

6. Dann ungefähr weitere 15 Minuten im Ofen backen lassen und heiß genießen.

48. Gemüse-Pfannkuchenpizza

Gesamtzeit: 20 Minuten

Zutaten:

Teig:

- 150 g Mehl
- 250 ml Milch
- 2 Eier
- Salz

Belag:

- 175 g Frischkäse
- 100 g Erbsen
- 1 Zucchini
- 1 Tasse Kresse
- Salz
- Pfeffer

Zubereitung:

Der Teig:

1. Der Pfannkuchenteig wird folgendermaßen vorbereitet: Alle Zutaten in eine große Schüssel geben und gut vermengen.

2. Nun eine Pfanne zur Hand nehmen und ein wenig Fett zerfließen lassen. Dann etwa einen halben Zentimeter hoch den Pfannkuchen beidseitig knusprig backen. Anschließend mit etwas Salz und Pfeffer würzen.

3. Den Pizzaboden auf ein Backblech legen.

Der Belag:

4. Die Zucchini hauchdünn schneiden.

5. Den Frischkäse auf dem Pizzaboden verstreichen und gleichmäßig verteilen. Dann Zucchini und Erbsen auf die Pizza legen und im Backofen bei 160° C für etwa 10 Minuten backen lassen.

6. Sobald die Pizza fertig ist, kann sie herausgenommen werden und mit Salz, Pfeffer und Gartenkresse bestreut werden. Optional können auch andere Kräuter, wie Oregano, verwendet werden.

49. Grünkohl-Ricotta-Pizza

Zubereitungszeit: 140 Minuten   *Backzeit: 30 Minuten*

Gesamtzeit: 170 Minuten

Zutaten:

Teig:

- 270 ml lauwarmes Wasser
- 3 TL Trockenhefe
- 1 EL Honig
- 1 EL Olivenöl
- 380 g Mehl
- 1 TL Salz

Belag:

- 1 Grünkohlkopf
- 2 EL Chili-Knoblauch-Paste
- 1 EL Olivenöl
- 1 EL Honig
- 170 g geriebener Fontina Käse
- Ricotta Käse
- geriebener Parmigiano
- ¼ TL Salz
- ¼ TL Pfeffer

Zubereitung:

Der Teig:

1. In einer großen Schüssel Wasser, Hefe, Honig und Olivenöl mischen. Dann etwa 10 Minuten lang gehen lassen.

2. Nach der Ruhezeit ¾ des Mehls und Salz hinzufügen und mit einem Löffel vermengen. Den Teig anschließend kneten und das restliche Mehl hineinkneten.

3. Die Schüssel mit etwas Olivenöl bepinseln, den Teig hinein und mit einem warmen Geschirrtuch zugedeckt an einem warmen Ort für etwa 1 Stunde oder mehr ruhen lassen.

4. Den Teig wieder durchkneten und auf eine mit Mehl bestäubte Arbeitsfläche legen. Dann wieder zugedeckt für etwa 10 Minuten gehen lassen.

5. Den Ofen auf 220° C vorheizen.

Der Belag:

6. Den Grünkohl in dünne Scheiben schneiden und ein wenig zerrupfen. Das Olivenöl, den Honig und die Paste hinzufügen und so lange vermengen bis der ganze Kohl mit der Masse bedeckt ist. Dann noch etwa 2-3 Minuten mit den Händen einarbeiten und beiseitestellen.

7. In einem Standmixer Ricotta cremig pürieren und mit Salz und Pfeffer abschmecken.

8. Den Pizzaboden mit Olivenöl bestreichen, die Hälfte des Ricottas auf den Teig schmieren und dann mit Grünkohl bedecken. Anschließend wieder Ricotta darüber geben.

9. Die Pizza wird nun für etwa 25-30 Minuten im Ofen gebacken und im Nachhinein mit Käse bestreut.

50. Pizza aus Hirse

Gesamtzeit: 40 Minuten

Zutaten:

- 150 g Hirse
- 500 ml Wasser
- 3 EL

- Sonnenblumenöl
- 1 Prise Salz
- Belag je nach

Geschmack

Zubereitung:

1. In einem Topf 500 ml Wasser zum Kochen bringen und etwas Salz hinzufügen.

2. Die Hirse dazugeben und 15 Minuten kochen lassen. Dann 2 EL Sonnenblumenöl in die Hirse-Masse rühren.

3. Eine Kuchen-Springform von etwa 22 cm einfetten und die Hirse gleich in die Form geben. Alles gut hineindrücken und den Rand etwas hochdrücken.

4. Die Pizza nun je nach Geschmack belegen, zum Beispiel mit Spinat und Schafskäse, oder mit Mais und Tomaten. Auf jeden Fall etwas Käse über den Belag regnen lassen und im vorgeheiztem Ofen bei 200° C eine halbe Stunde backen lassen. Fertig ist die gesunde Pizza aus Hirse.

51. Humus-Pizza

Zubereitungszeit: 120 Minuten   *Backzeit: 30 Minuten*
Gesamtzeit: 150 Minuten

Zutaten:

Teig:

- 500 g Mehl
- 1 Würfel Hefe
- 250 ml Wasser
- 2 EL Olivenöl
- 1 EL Salz
- 1 EL Zucker

Belag:

- 1 Gläschen Knoblauch-Humus
- 180 ml Olivenöl
- 3 mittelgroße Zucchini
- Salz
- Pfeffer

Zubereitung:

Der Teig:

1. Hefe und Zucker in lauwarmen Wasser in einer kleinen Schale verrühren, bis die Hefe gut aufgelöst ist. Für 5 Minuten zum Schäumen beiseite stellen.

2. Dann ein weiteres Wasser mit Salz anrühren und in eine große Schüssel das Mehl geben. Eine kleine Mulde in der Mitte formen. Sämtliches Wasser nun in die Mulde gießen und alles gut zu einem Teig kneten. Es kann rund 10 Minuten dauern, dass der Teig geschmeidig und glatt geworden ist.

3. Ein Tuch zur Hand nehmen und mit warmen Wasser benetzen. Der Teig sollte anschließend 30 Minuten an einem warmen Ort ruhen.

4. Nachdem der Teig seine Ruhe hatte, kann er in 4 Teile geschnitten werden und jedes Stück noch einmal durchgeknetet werden. Die Arbeitsfläche dann mit Mehl bestäuben und die Teigstücke eine weitere halbe Stunde gehen lassen.

5. Einen Pizzastein im Ofen bei 260° C für 30 Minuten erhitzen.

Der Belag:

6. Eine Grillpfanne erhitzen und den Knoblauch vom Humus in eine große Schüssel geben und mit dem Olivenöl vermengen. Mit Salz und Pfeffer würzen.

7. Die Zucchini in dünne Scheiben schneiden und in die Schüssel geben. Alles gut verrühren, sodass die Zucchini gut mit dem Öl vermengt ist. Den restlichen Humus in die Schüssel geben und alles gut vermengen. Abschließend mit Salz und Pfeffer abschmecken.

8. Die Zucchini in der Grillpfanne für etwa 5 Minuten anbraten und dann mit dem Humus bepinseln und eine weitere Minute braten.

9. Ein Backblech mit Öl bepinseln und den Teig mit einem Nudelholz ausrollen und auf das Backblech geben.

10. Den Humus auf die Pizza streichen und mit der gegrillten Zucchini belegen. Etwa 10 Minuten auf den Pizzastein legen und heiß genießen!

52. Käsesorten-Pizza

Zubereitungszeit: 90 Minuten   *Backzeit: 15 Minuten*
Gesamtzeit: 105 Minuten

Zutaten:

Teig:

- 500 g Mehl
- 1 Hefewürfel (40 g)
- 250 ml Wasser
- 2 EL Olivenöl
- 1 EL Salz
- 1 EL Zucker

Belag:

- 250 g Käse: Mozzarella, Parmesan, Emmentaler, Gorgonzola Tomatensoße
- Oregano

Zubereitung:

Der Teig:

1. Etwas Wasser in ein Gefäß leeren und Hefe hineinbröseln. Dann gemeinsam mit ein wenig Zucker auflösen. Darauf achten, dass das Wasser lauwarm ist.

2. In einer Schüssel Mehl und Salz vermengen und das Öl mit der Wassermischung hinzufügen. Die übrige Menge an Wasser dazugeben und das Ganze zu einem Teig kneten. Es kann einige Minuten dauern, bis der Teig die richtige Konsistenz hat und nicht mehr an der Schüssel klebt. Theoretisch kann man auch eine Küchenmaschine mit einem Knethaken zum Kneten verwenden.

3. Ein Küchentuch mit ein wenig lauwarmem Wasser anfeuchten und den Teig damit bedecken. Der Teig sollte anschließend 30 Minuten an einem warmen Ort ruhen.

4. Nachdem der Teig seine Ruhe hatte, kann er in 4 Teile geschnitten werden und jedes Stück noch einmal durchgeknetet werden. Die Arbeitsfläche dann mit Mehl bestäuben und die Teigstücke eine weitere halbe Stunde gehen lassen.

5. Das Backrohr auf 200° C stellen und den Teig ausrollen. Den Rand mit den Fingern wulstartig hochdrücken und auf ein Backblech mit Pergamentpapier legen.

Der Belag:

6. Für die einfache Käse-Pizza werden die Käsesorten zuerst gerieben bzw. in Scheiben geschnitten. Anschließend wird Tomatensoße und Käsesorten auf dem Pizzaboden verteilt und mit Oregano gewürzt.

7. Wer den Käse trennen möchte, kann die Pizza in 4 Teile teilen und jeweils einen Käse pro Teil verwenden.

8. Die Pizza kommt nun für 15 Minuten in das Backrohr und wird goldbraun ausgebacken. Bon Appetit!

53. Linsen-Pizza

Zubereitungszeit: 90 Minuten   *Backzeit: 15 Minuten*
Gesamtzeit: 105 Minuten

Zutaten:

Teig:

- 500 g Mehl
- 1 Hefewürfel (40 g)
- 250 ml Wasser
- 2 EL Olivenöl
- 1 EL Salz
- 1 EL Zucker

Belag:

- 1 Dose Linsen
- 200 g Mozzarella
- 200 g Joghurt
- 1 Zwiebel
- 2 TL Curry
- Salz
- Pfeffer

Zubereitung:

Der Teig:

1. In einer kleinen Schüssel Hefe und ein wenig Zucker in lauwarmem Wasser auflösen und 5 Minuten lang stehen lassen, bis sich Bläschen gebildet haben.

2. In einer großen Schüssel Mehl und Salz vermengen. Öl, Hefemischung und das restliche Wasser in die Schüssel geben und das Ganze zu einem Teig kneten. Es kann einige Minuten dauern, bis der Teig die richtige Konsistenz hat und nicht mehr an der Schüssel klebt. Natürlich kann man auch eine Küchenmaschine mit einem Knethaken zum Kneten verwenden.

3. Ein Küchentuch mit ein wenig lauwarmem Wasser befeuchten und den Teig damit bedecken. Dann eine halbe Stunde an einem warmen Ort gehen lassen.

4. Nachdem der Teig aufgegangen ist, kann er in 4 Teile geschnitten werden und jedes Stück noch einmal durchgeknetet werden. Die Arbeitsfläche dann mit Mehl bestäuben und die Teigstücke eine weitere halbe Stunde gehen lassen.

5. Den Ofen auf 200° C aufheizen und die Teigstücke weiterverarbeiten: diese auf einer mit Mehl bestreuten Arbeitsfläche mit dem Nudelholz ausrollen und einen runden Pizzaboden formen. Den Rand wulstartig hochdrücken und eventuell mit etwas Olivenöl bepinseln.

6. Ein Backblech zur Hand nehmen und Pergamentpapier darauf legen. Den Pizzaboden nun auf das Papier geben und sich dem Beleg widmen.

Der Belag:

7. Die Zwiebel schälen und feine Zwiebelringe daraus schneiden. Die Linsen abtropfen lassen und den Mozzarella klein würfelig schneiden.

8. Joghurt auf den Pizzaboden streichen und gleichmäßig verteilen. Anschließend Zwiebeln, Linsen und Mozzarella darüber geben und mit Salz und Pfeffer ein wenig würzen.

9. Die Pizza kann nun in den Ofen geschoben werden, wo sie für etwa 15-20 Minuten gut aufgehoben backen kann.

54. Pizzaboden aus Polenta mit Gemüse

Zubereitungszeit: 20 Minuten *Backzeit: 25 Minuten*
Gesamtzeit: 45 Minuten

Zutaten:

Teig:

- 80 g Polenta
- 200 ml Wasser
- 3 EL Sauerrahm
- 1 Messerspitze Muskatnuss
- 1 Prise Pfeffer
- ½ TL Salz

Belag:

- 2 Tomaten
- 1 rote Paprika
- 1 Aubergine

Zubereitung:

Der Teig:

1. Zuerst den Ofen auf 200° C aufheizen.

2. Dann einen Topf zur Hand nehmen und Wasser und Salz darin zum Kochen bringen. Die Polenta anschließend in das Wasser rühren und mit etwas Muskatnuss und frisch geriebenen Pfeffer abschmecken.

3. 5 Minuten sollte die Polenta nun unter ständigem Rühren bei geringer Hitze kochen, bis sie dicker wird und der Sauerrahm dazu gegeben werden kann. Das Ganze sollte dann zum Abkühlen von der Hitze genommen werden.

Der Belag:

4. Nun kann das Gemüse gewaschen und geschnitten werden, alles in kleine Streifen schneiden außer der Aubergine, die in Würfel geschnitten werden sollte.

5. Eine Springform mit Pergamentpapier versehen und die dickflüssige Polenta-Masse mit einem Kochlöffel darauf verteilen. Das Gemüse dann auf die Polenta legen.

6. Die Polenta-Pizza nun im Backofen für ca. 25 Minuten backen.

55. Rote Beete-Pesto-Pizza

Zubereitungszeit: 100 Minuten   *Backzeit: 15 Minuten*
Gesamtzeit: 115 Minuten

Zutaten:

Teig:

- 500 g Mehl
- 1 Hefewürfel (40g)
- 250 ml Wasser
- 2 EL Olivenöl
- 1 EL Salz
- 1 EL Zucker

Pesto:

- 1 mittelgroße rote Beete
- 3 Knoblauchzehen
- 65 g geröstete Walnüsse
- 50 g Parmesan
- 120 ml Olivenöl
- 2 EL Zitronensaft Saft

Belag:

- Grünkohlblätter
- Mozzarella Käse
- Ziegenkäse

Zubereitung:

Der Teig:

1. 2-3 EL lauwarmes Wasser in einer kleinen Schale mit Hefe und Zucker anrühren, bis alles gut vermengt ist. Dieses Wasser nun für etwa 5 Minuten stehen lassen, oder so lange, bis sich Bläschen gebildet haben.

2. In eine Schüssel Mehl und Salz geben und gut vermischen. Dann Öl und Wasser-Hefe-Mischung hinzufügen. Die übrige Menge an Wasser beifügen und das Ganze zu einem Teig kneten. Es kann einige Minuten dauern, bis der Teig die richtige Konsistenz hat und nicht mehr an der Schüssel klebt. Theoretisch kann man auch eine Küchenmaschine mit einem Knethaken zum Kneten verwenden.

3. Ein Küchentuch mit lauwarmem Wasser anfeuchten und den Teig damit bedecken. Der Teig sollte anschließend 30 Minuten an einem warmen Ort gehen.

4. Nachdem der Teig seine Ruhe hatte, kann er in 4 Teile geschnitten werden und jedes Stück noch einmal durchgeknetet werden. Die Arbeitsfläche dann mit Mehl bestäuben und die Teigstücke eine weitere halbe Stunde gehen lassen.

5. Die Stücke danach ausrollen und auf ein Backblech legen. Den Rand wulstartig in die Höhe drücken und eventuell mit Olivenöl bepinseln.

6. Den Ofen auf 200° C stellen.

Das Pesto:

7. Den Ofen auf 190° C einstellen und die rote Bete waschen und putzen. Anschließend trocken tupfen.

8. Die rote Bete schälen und in kleine Würfel schneiden. Anschließend auf ein mit Aluminiumfolie versehenes Backblech legen und in die Folie einwickeln.

9. Dann 40-50 Minuten backen lassen, bis die Beete weich ist und Saft hinausrinnt.

10. Die rote Bete komplett auskühlen lassen und anschließend alle Zutaten, außer das Olivenöl, in den Standmixer geben und zu einem Pesto pürieren.

11. Im noch mixenden Standmixer das Olivenöl hinzufügen und eventuell noch etwas Wasser hinzufügen, falls das Pesto zu dick geworden ist.

Der Belag:

12. Den Pizzaboden etwa 5-7 Minuten ohne andere Zutaten vorbacken und anschließend mit dem Pesto, den Grünkohl-Blättern und den Käsesorten belegen.

13. Das Ganze sollte nun etwa 15-20 Minuten im Ofen gelassen werden, bis der Rand knusprig braun ist.

14. Die Pizza ein wenig auskühlen lassen und dann in vollen Stücken genießen.

56. Rote Beete-Pizza

Zubereitungszeit: 100 Minuten   *Backzeit: 20 Minuten*

Gesamtzeit: 120 Minuten

Zutaten:

Teig:

- 150 g Vollkornmehl
- 100 g Weizenmehl
- ½ Würfel Hefe
- 6 Kartoffeln
- 1 TL Thymian
- Salz

Belag:

- 500 g Hokkaido-Kürbis
- 400 g Rote Beete
- 20 g Rote Beete Sprossen
- 1 Zwiebel
- 4 EL Olivenöl
- 200 g Frischkäse
- 2 TL Meerrettich
- 40 g Sonnenblumen-kerne
- 2 EL Ahornsirup
- Pfeffer

Zubereitung:

Der Teig:

1. Die Kartoffeln gut waschen und ein Topf mit Wasser zum Kochen bringen. Die Kartoffeln darin 20 Minuten lang garen und anschließend in einem Sieb mit kaltem Wasser abschrecken. Trocken tupfen.

2. Die Kartoffeln schälen und durch eine Presse in eine Schüssel drücken.

3. Die verschiedenen Mehlsorten mit Salz, den Kartoffeln und Thymian vermengen. Eine Mulde in der Mitte bilden und die Hefe hineinbröseln.

5. Anschließend 150 ml warmes Wasser hinzufügen und zu einem glatten Teig kneten.

6. Den Teig in eine Schüssel geben und mit einem Geschirrtuch abdecken. Eine halbe Stunde gehen lassen.

Der Belag:

7. Die Rote Beete wird nun geschält und würfelig geschnitten. Die Würfel sollten etwa 1 cm in Länge und Breite groß sein. Die Zwiebel schälen und spalten.

8. 1 EL Öl in einer Pfanne erwärmen und Zwiebel und rote Beete für etwa 10 Minuten braten. Danach die Kürbiswürfel dazugeben und weitere 3-5 Minuten braten lassen. Abschließend mit Salz und Pfeffer abschmecken.

9. In einer kleinen Schüssel Frischkäse und geriebenen Meerrettich vermengen und beiseitestellen.

10. Nun den Teig auf einer mit Mehl bestreuten Arbeitsfläche in 4 Stücke teilen und jeweils zu einem 25 cm großen Pizzaboden ausrollen.

11. Die Pizzaböden nun auf ein mit Backpapier versehenes Backblech geben und Frischkäse auf den Boden streichen.

12. Die Gemüsemischung vom Herd nehmen und auf die Pizza geben. Dann etwa 1 EL Sonnenblumenkerne über die Pizzen streuen und in einem auf 225° C vorgeheizten Ofen für etwa 15-20 Minuten backen lassen.

13. Das übrige Öl in einem kleinen Behälter mit Ahornsirup verrühren und die Rote Bete Sprossen durch ein Sieb mit Wasser waschen und anschließend trocken tupfen.

14. Die fertigen goldbraun knusprigen Pizzen aus den Ofen nehmen, mit Sprossen und Ahornsirup garnieren und sofort genießen.

57. Rosmarin-Grill-Pizza

Zubereitungszeit: 100 Minuten   *Backzeit: 20 Minuten*

Gesamtzeit: 120 Minuten

Zutaten:

Teig:

- 150 g Vollkornmehl
- 100 g Weizenmehl
- ½ Würfel Hefe
- 6 Kartoffeln
- 1 TL Thymian
- Salz

Belag:

- 16 Feigen
- 1 EL Rosmarin
- 220 g Mozzarella
- 75 g Parmesan
- ½ TL Salz
- 1 TL Pfeffer

Zubereitung:

Der Teig:

1. 2-3 EL lauwarmes Wasser in ein kleines Gefäß geben und Hefe und Zucker darin auflösen. Das Wasser sollte dabei etwas wärmer als Zimmertemperatur sein.

2. In einer Schüssel Mehl und Salz vermengen und das Öl mit der Wassermischung hinzufügen. Das restliche Wasser hinzufügen und die Zutaten zu einem geschmeidigen Teig formen.

3. Ein Geschirrtuch mit ein wenig lauwarmem Wasser feucht machen und den Teig damit zudecken. Der Teig sollte anschließend eine halbe Stunde an einem warmen Ort ruhen.

4. Nachdem der Teig genug geruht hat, kann er in 4 Stücke geteilt werden und jeder Teil noch einmal durchgeknetet werden. Die Arbeitsfläche dann mit Mehl bestäuben und die Teigstücke eine weitere halbe Stunde gehen lassen.

5. Den Teig zu einem kreisrunden Pizzaboden ausrollen. Den Rand wulstartig in die Höhe drücken.

Der Belag:

6. Den Grill aufheizen, sodass 2/3 des Grills sehr heiß ist und 1/3 weniger heiß ist.

7. Ein gerilltes Backblech mit Olivenöl bestreichen und den Pizzaboden auf diesen legen.

8. Ein wenig Olivenöl auf die Oberseite des Bodens pinseln.

9. Bei großer Hitze für etwa 10 Sekunden backen lassen und dann umdrehen und weitere 10-20 Minuten backen.

10. Den Pizzaboden nun in den Teil mit geringer Hitze platzieren und so lange dort lassen, bis der Boden durch ist. Anschließend mit Feigen, Rosmarin, Pfeffer, Salz und Käse belegen und noch ein wenig im Grill lassen, bis alles ein wenig erhitzt wurde. Fertig ist die Pizza!

58. Salat-Pizza

Zubereitungszeit: 40 Minuten   *Backzeit: 10 Minuten*
Gesamtzeit: 50 Minuten

Zutaten:

Teig:

- 150 g Vollkornmehl
- 100 g Weizenmehl
- ½ Würfel Hefe
- 6 Kartoffeln
- 1 TL Thymian
- Salz

Belag:

- 30 g Blaukäse
- 1 EL Olivenöl
- 1 EL Weißweinessig
- ½ TL Dijon Senf
- 2 Avocados
- ¼ TL schwarzer Pfeffer
- 2 Scheiben geräucherter Speck
- 200 g Hühnerbrust
- 70 g Cocktail-tomaten
- 2 EL zerhackte rote Zwiebel
- Kopfsalat

Zubereitung:

Der Teig:

1. In einem Gefäß 70 ml Wasser geben und den Hefe hineinbröseln und gemeinsam mit ein wenig Zucker auflösen. Das Wasser sollte dabei etwas wärmer als Zimmertemperatur sein.

2. In einer Schüssel Mehl und Salz vermischen und das Öl mit der Wassermischung hinzufügen. Die übrige Menge an Wasser dazugeben und das Ganze zu einem Teig kneten. Es kann einige Minuten dauern, bis der Teig die richtige Konsistenz hat und nicht mehr an der Schüssel klebt. Theoretisch kann man auch eine Küchenmaschine mit einem Knethaken zum Kneten verwenden.

3. Ein Küchentuch mit ein wenig lauwarmem Wasser etwas feucht machen und den Teig damit bedecken. Der Teig sollte anschließend 30 Minuten an einem warmen Ort ruhen.

4. Nachdem der Teig seine Ruhe hatte, kann er in 4 Teile geschnitten werden und jedes Stück noch einmal durchgeknetet werden. Die Arbeitsfläche dann mit Mehl bestäuben und die Teigstücke eine weitere halbe Stunde gehen lassen.

5. Den Teig dann zu einer Pizza ausrollen und auf ein mit Olivenöl bestrichenes Backblech legen. Den Ofen auf 200° C vorheizen und den Rand der Pizza wulstartig in die Höhe drücken.

Der Belag:

6. Den Teig ins Backrohr für etwa 8 Minuten geben, sodass er etwas goldig braun wird.

7. Anschließend 2 Esslöffel Käse darüber streuen und auf die Seite stellen.

8. Öl, Essig, Senf und 1/8 Teelöffel Pfeffer in einer großen Schüssel zusammenrühren.

9. Den Speck in einer beschichteten Pfanne braten, bis er knusprig wird. Den Speck aus der Pfanne herausnehmen und in die Öl-Mischung zerbröseln. Die Pfanne mit etwas Küchenpapier reinigen und wieder auf den Herd stellen.

10. Bei mittlerer Hitze die kleinen Hühnerbruststücke beidseitig für 6-8 Minuten anbraten, oder bis sie durch sind. Das Hühnchen entfernen und beiseitestellen.

11. Hühnchen, Tomaten und Zwiebeln werden nun alle in das Öl-Gemisch gegeben und gut vermengt. Den Salat hinzufügen.

12. Den Pizzaboden mit der Mischung, Avocados und dem Käse belegen und genießen!

59. Spinat-Schafskäse-Pizza

Zubereitungszeit: 90 Minuten   *Backzeit: 15 Minuten*

Gesamtzeit: 105 Minuten

Zutaten:

Teig:

- 300 g Mehl
- ½ Würfel Hefe
- 150 ml lauwarmes
- Wasser
- 1 TL Salz
- 1 EL Olivenöl
- 1 Prise Salz

Belag:

- 200 g Blattspinat
- 200 g Schafskäse
- 2 EL Olivenöl
- 1 Knoblauchzehe
- 1 Zwiebel
- 2 EL Mehl
- 2 TL Pizzagewürz
- 1 Prise frischen Pfeffer

Zubereitung:

Der Teig:

1. In eine große Schüssel Hefe zerbröseln und Mehl, Öl, Wasser, Zucker und Salz dazugeben. Das Ganze zu einem glatten Teig kneten und in einer Schüssel zugedeckt für eine halbe Stunde an einem kühlen Ort rasten lasten.

2. Nach der Ruhezeit sollte der Teig noch einmal durchgeknetet werden und mit dem Nudelholz oder dem Handballen zu einer kreisrunden Pizza geformt werden. Den Rand dieses Pizzabodens anschließend mit den Fingern wulstartig in die Höhe drücken und eventuell mit etwas Olivenöl bestreichen.

3. Der Pizzaboden kommt nun auf ein mit Backpapier versehenes Backblech, der Ofen wird inzwischen auf 200° C vorgeheizt.

Der Belag:

4. In einer Pfanne etwas Öl erhitzen, die Zwiebel und den Knoblauch klein zerhacken und im Öl anbraten.

5. Nachdem der Zwiebel und der Knoblauch weich geworden sind, können die Tomaten hinzugefügt und noch einmal gedünstet werden.

6. Pizzagewürz und Pfeffer auf den Boden geben.

7. Den Spinat ein wenig waschen und gleich in eine separate Pfanne bei mittlerer Hitze geben. Den Schafskäse anschließend in Würfel schneiden.

8. Sobald alle Zutaten fertig sind können sie nun auf dem Teig vereinigt werden. Dazu erst einmal die Tomatensoße auf den Boden schmieren und 15 Minuten backen.

9. Nach der Vorbackzeit kann der Spinat und Schafskäse auf den Teigboden gelegt werden und weitere 10-15 Minuten gebacken werden.

60. Veggie-Pizza mit Paprika

Zubereitungszeit: 90 Minuten   *Backzeit: 20 Minuten*
Gesamtzeit: 110 Minuten

Zutaten:

Teig:

- 500 g Mehl
- 1 Päckchen Trockenhefe
- 300 ml lauwarmes Wasser
- 2 EL Olivenöl
- 1 TL Salz

Belag:

- 400 g passierte Tomaten
- 1 Dose Mais
- 2 rote Paprika
- 2 Zwiebel
- 1 EL Basilikum
- 200 g Käse
- 1 Prise Pfeffer
- 1 Prise Oregano
- ½ TL Salz

Zubereitung:

Der Teig:

1. Das Backrohr auf 220° C Ober- und Unterhitze stellen und mit dem Teig beginnen.

2. In einer kleinen Schale Salz, lauwarmes Wasser und Hefe auflösen und ein paar Minuten gehen lassen.

3. Dann in einer separaten Schüssel Mehl hineinkippen und eine kleine Mulde bilden. In diese dann das Wasser schütten und mit dem Olivenöl etwa 5 Minuten lang gut durchkneten, sodass eine geschmeidige, glatte Masse entsteht.

4. Den Pizzateig zu einer großen Kugel formen und mit etwas Mehl bestreuen. Dann zugedeckt für etwa 1 Stunde an einem warmen Ort ruhen lassen und sich inzwischen den Belag widmen.

Der Belag:

5. Die Paprika halbieren, entkernen und waschen. Anschließend in Streifen schneiden und den Mais aus der Dose nehmen. Die Flüssigkeit sollte gut abtropfen.

6. Der Zwiebel wird nun geschält und ebenfalls in feine Streifen geschnitten.

7. Die Tomaten können nun in einer Schüssel mit den Kräutern, Salz und Pfeffer vermischt werden. Alles zunächst beiseitestellen.

8. Zurück zum Teig: diesen in 4 Stücke teilen und mit einem Nudelholz ausrollen. Das Backblech mit etwas Fett bepinseln und den kreisrunden Pizzaboden auf das Blech legen.

9. Nun kann die Pizza belegt werden: dazu die Tomatensoße zur Hand nehmen und auf die Pizza streichen. Anschließend Paprika, Mais und abschließend Zwiebel und Käse auf die Pizza geben und ab in den Ofen damit!

10. Die Pizza sollte nun für etwa 15 Minuten, eventuell länger, bis sie goldbraun und knusprig ist, im Ofen backen.

61. Zitronen- und Mozzarella-Pizza

Zubereitungszeit: 100 Minuten　　　*Backzeit: 15 Minuten*

Gesamtzeit: 115 Minuten

Zutaten:

Teig:

- 500 g Mehl
- 40 g Hefe
- 250 ml Wasser
- 2 EL Olivenöl
- 1 EL Salz
- 1 EL Zucker

Belag:

- 220 g geräuchert Mozzarella
- 1 kleine Zitrone
- 1 ½ EL Olivenöl
- ½ TL Salz
- ¼ TL geriebener
- Pfeffer

Zubereitung:

Der Teig:

1. In einem Gefäß 70 ml Wasser geben und den Hefe hineinbröseln und gemeinsam mit ein wenig Zucker auflösen. Das Wasser sollte dabei etwas wärmer als Zimmertemperatur sein.

2. Mehl und Salz in einer großen Schüssel vermengen und eine Mulde in der Mitte bilden. In diese kommt nun Öl, Hefe und das restliche Wasser. Alle Zutaten zu einem glatten Teig kneten. Etwa 5-10 Minuten mit der Hand kneten oder auch eine Küchenmaschine mit Knethaken dafür verwenden.

3. Ein Tuch zur Hand nehmen und mit ein wenig lauwarmem Wasser befeuchten. Mit diesem dann den Teig bedecken und 30 Minuten aufgehen lassen.

4. Nachdem der Teig seine Ruhe hatte, kann er in 4 Teile geschnitten werden und jedes Stück noch einmal durchgeknetet werden. Die Arbeitsfläche dann mit Mehl bestäuben und die Teigstücke eine weitere halbe Stunde gehen lassen.

5. Den Teig zu einer runden Pizza ausrollen und auf ein Backpapier auf einem Backblech legen. Den Rand wulstartig in die Höhe drücken und eventuell mit ein wenig Olivenöl bepinseln. Den Ofen auf 200° C vorheizen.

Der Belag:

6. Mozzarella und dünne Zitronenscheiben auf den Pizzaboden legen und mit etwas Öl beträufeln.

7. Abschließend mit Salz und Pfeffer würzen und für etwa 15 Minuten goldbraun backen.

62. Zucchini-Pizza

Zubereitungszeit: 70 Minuten   *Backzeit: 20 Minuten*
Gesamtzeit: 90 Minuten

Zutaten:

Pizzaboden:

- 2 große Zucchini
- 4 EL geriebener Parmesan
- 320 g Mehl
- 1 Ei
- 2 TL Oregano
- 2 EL Olivenöl
- 120 g Mozzarella

Marinara-Soße:

- 1 Knoblauchzehe
- 1 Anchovifilets
- 1 Dose Tomaten
- Salz
- Pfeffer
- Oregano

Zubereitung:

1. In eine kleine Schüssel Zucchini reiben und mit Salz vermengen. 30 Minuten ruhen lassen.

2. Den Ofen auf 230° C aufheizen und nach der Ruhezeit die restliche Flüssigkeit der Zucchini durch ein Sieb tropfen lassen.

3. In einer mittelgroßen Schüssel Zucchini, Mehl, ein Esslöffel Parmesan, Ei, Pfeffer und 1 TL Oregano vermengen und auf einem Backblech, das vorher mit Olivenöl bepinselt wurde, die Zucchini-Masse gleichmäßig zu einem Pizzaboden formen.

4. Diesen Boden für etwa 15 Minuten backen lassen, bis er ein wenig goldbraun an den Rändern wird, dann herausnehmen.

5. Den Ofen auf 200° C hinunter schalten und Marinara-Soße auf den Pizzaboden schmieren. Anschließend den Mozzarella und den Parmesan über die Pizza streuen und für weitere 5 Minuten, so lange bis der Käse geschmolzen ist, backen lassen. Anschließend mit ein wenig Olivenöl beträufeln.

Die Soße:

In einer Pfanne Olivenöl erhitzen und Anchovifilets und Knoblauch goldbraun anbraten. Die Dosentomaten hinzufügen und bei mittlerer Hitze für etwa 15-20 Minuten köcheln lassen. Salz, Pfeffer und Oregano dazugeben und eine zerdrückte Knoblauchzehe hineinrühren. Warmhalten, bis sie verwendet wird.

63. Pizza mit karamellisierten Zwiebeln und Äpfel

Zubereitungszeit: 120 Minuten   *Backzeit: 15 Minuten*

Gesamtzeit: 135 Minuten

Zutaten:

Teig:

- 500 g Mehl
- 1 Hefewürfel (40 g)
- 250 ml Wasser
- 2 EL Olivenöl
- 1 EL Salz
- 1 EL Zucker

Belag:

- 1 große Zwiebel, in feine Ringe geschnitten
- 3 Bündel Thymian
- 2 EL Honig
- 1 Apfel, ohne Kerngehäuse, in feine Ringe geschnitten
- 120 g Ziegenkäse mit Kräuter
- 4 EL Margarine

Zubereitung:

Der Teig:

1. Etwas Wasser in einen Behälter geben und die Hefe mit den Fingern etwas zerbröckeln. Diese dann im Wasser gemeinsam mit ein wenig Zucker auflösen. Das Wasser sollte dabei etwas wärmer als Zimmertemperatur sein.

2. In einer Schüssel Mehl und Salz vermischen und das Öl mit der Wassermischung hinzufügen. Die übrige Menge an Wasser dazugeben und das Ganze zu einem Teig kneten. Es kann einige Minuten dauern, bis der Teig die richtige Konsistenz hat und nicht mehr an der Schüssel klebt. Theoretisch kann man auch eine Küchenmaschine mit einem Knethaken zum Kneten verwenden.

3. Ein Küchentuch mit ein wenig lauwarmem Wasser etwas feucht machen und den Teig damit bedecken. Der Teig sollte anschließend 30 Minuten an einem warmen Ort ruhen.

4. Nachdem der Teig seine Ruhe hatte, kann er in 4 Teile geschnitten werden und jedes Stück noch einmal durchgeknetet werden. Die Arbeitsfläche dann mit Mehl bestäuben und die Teigstücke eine weitere halbe Stunde gehen lassen.

5. Den Teig zu einem kreisrunden Pizzaboden mit dem Nudelholz ausrollen und nun den Rand in die Höhe drücken. Ein Backpapierstück auf ein Backblech legen und den Teigboden auf dieses geben. Den Ofen nun auf 200° C vorheizen.

Der Belag:

6. In einer Pfanne etwas Butter zum Schmelzen bringen und anschließend die geschnittene Zwiebel hinzufügen. So rühren, dass die Zwiebel komplett mit der Butter beschichtet ist und für etwa 15 Minuten dünsten lassen. Immer wieder umrühren.

7. In einer zweiten Pfanne 2 Esslöffel Butter schmelzen lassen und bei mittlerer Hitze erwärmen. Die dünnen Apfelscheiben in die Butter und 10 Minuten braten lassen, bis sie weich sind und dann von der Hitze nehmen.

8. Den Käse auf dem Teigboden verteilen und anschließend Zwiebel und Äpfel darauf legen.

9. Dann noch 10 Minuten im Ofen backen, bis der Ziegenkäse ein wenig geschmolzen ist.

10. Thymian-blätter vom Stiel rupfen und auf die Pizza legen. Dann noch mit ein wenig Honig beträufeln und fertig ist die vegetarische Pizza!

Aus dem Meer

64. Asiatische Meeresfrüchte-Pizza

Zubereitungszeit: 90 Minuten   *Backzeit: 15 Minuten*

Gesamtzeit: 105 Minuten

Zutaten:

Teig:

- 500 g Mehl
- 1 Hefewürfel (40 g)
- 250 ml Wasser
- 2 EL Olivenöl
- 1 EL Salz
- 1 EL Zucker

Wasabi-Mayonnaise:

- 80 ml Mayonnaise
- 2 TL Wasabi
- 1 EL Honig

Belag:

- 15 Garnelen, ohne Schale und ohne Darm
- 170 g Krabbenfleisch aus der Dose
- 230 g geriebener Mozzarella
- ¼ rote Zwiebel
- 1 rote Paprika
- gewürfelte Ananas
- 2 EL Olivenöl
- ¼ TL frisch gemahlener Pfeffer
- 1/8 TL Salz

Zubereitung:

Der Teig:

1. Lauwarmes Wasser in eine Schüssel leeren und die Hefe hineinbröseln. Dann gemeinsam mit ein wenig Zucker auflösen. Das Wasser sollte lauwarm sein.

2. In einer großen Schüssel Mehl und Salz vermischen und das Öl mit der Wassermischung hinzufügen. Die übrige Menge an Wasser dazugeben und das Ganze zu einem Teig kneten. Es kann einige Minuten dauern, bis der Teig glatt ist. Achtung: wenn eine Küchenmaschine benutzt wird, muss darauf geachtet werden, dass ein Knethaken benutzt wird und nicht zu viel geknetet wird. Ansonsten wird der Teig gummiartig.

3. Ein Küchentuch mit ein wenig lauwarmem Wasser etwas feucht machen und den Teig damit bedecken. Der Teig sollte anschließend 30 Minuten an einem warmen Ort ruhen.

4. Nachdem der Teig größer geworden ist, kann er in 4 gleichgroße Stücke geschnitten werden und jedes Stück noch einmal durchgeknetet werden. Die Arbeitsfläche dann mit Mehl bestäuben und die Teigstücke eine weitere halbe Stunde gehen lassen.

5. Den Teig zu einer kreisrunden Pizza ausrollen und den Rand wulstartig hochdrücken. Eventuell mit Olivenöl bepinseln. Der Pizzaboden kommt nun auf ein Backblech mit Pergamentpapier und der Ofen wird auf 200° C vorgeheizt.

Der Belag:

6. In einer Pfanne 2 EL Olivenöl erhitzen und Garnelen mit Salz und Pfeffer bestreuen. Die Garnelen nun in der Pfanne schnell anbraten, bis sich die Farbe ändert.

7. Den Pizzaboden nun für etwa 8 Minuten im Ofen vorbacken.

8. Das Wasabi-Mayo in einer kleinen Schüssel zusammenrühren und auf den Pizzaboden verstreichen. Anschließend mit Krabbenfleisch und etwas Käse belegen.

9. Danach kommen die Garnelen, die Zwiebelscheiben, die Paprikastücke und Ananasstücke auf die Pizza und das ganze wird mit Salz und gemahlenen Pfeffer gewürzt.

10. Die Pizza wieder in den Ofen geben und für weitere 6-8 Minuten goldbraun backen.

65. Fischers Pizza

Zubereitungszeit: 90 Minuten   *Backzeit: 15 Minuten*
Gesamtzeit: 105 Minuten

Zutaten:

Teig:

- 500 g Mehl
- 1 Hefewürfel (40 g)
- 250 ml Wasser
- 2 EL Olivenöl
- 1 EL Salz
- 1 EL Zucker

Belag:

- 150 g Tomatensoße
- 4 Jakobsmuscheln
- 100 g Mozzarella
- 100 g Muschelfleisch
- 2 Knoblauchzehen
- 1 EL Petersilie
- Olivenöl
- Salz
- Pfeffer

Zubereitung:

Der Teig:

1. 70 ml Wasser in einer kleinen Schale mit Hefe und Zucker anrühren. Das Wasser sollte dabei etwas wärmer als Zimmertemperatur sein.

2. In einer separaten Schüssel Mehl und Salz vermengen und Öl, Hefe-Gemisch und das übrige Wasser beifügen. Das Ganze zu einem Teig kneten. Es kann eine Weile dauern, bis der Teig schön glatt geworden ist und nicht mehr an der Schüssel klebt. Wer möchte kann auch eine Küchenmaschine mit einem Knethaken zum Kneten verwenden.

3. Ein lauwarmes, etwas angefeuchtetes Tuch zur Hand nehmen und den Teig damit bedecken. Der Teig sollte nun für eine halbe Stunde an einem warmen Ort ruhen.

4. Der Teig sollte nun aufgegangen sein. Er kann jetzt in 4 Stücke geteilt werden und jedes Stück noch einmal durchgeknetet werden. Die Arbeitsfläche dann mit Mehl bestäuben und die Teigstücke eine weitere halbe Stunde gehen lassen.

5. Den Ofen auf 200° C vorheizen und inzwischen den Teig ausrollen. Dafür kann man das Nudelholz oder den Handballen verwenden, wichtig dabei ist, dass der Rand der Pizza wulstartig hochgedrückt wird. Den Rand eventuell mit Olivenöl bepinseln.

6. Den Pizzaboden kann man nun auf ein mit Backpapier versehenes Backblech geben.

Der Belag:

7. Dafür die inzwischen auf Zimmertemperatur gesunkenen Jakobsmuscheln in Scheiben schneiden und den Mozzarella in Würfel.

8. Die Knoblauchzehe klein zerhacken.

9. Anschließend kommt die Pizzasoße auf den Pizzaboden und wird gleichmäßig verteilt. Es folgen Jakobsmuscheln, Mozzarella und Muschelfleisch.

10. Dann wird noch etwas Petersilie und Knoblauch verteilt, sowie mit Salz und Pfeffer gewürzt. Abschließend beträufelt man die Pizza noch mit ein wenig Olivenöl, und schiebt sie nun für etwa 15 Minuten oder mehr in den Ofen. Bon Appetit!

66. Pizza mit frittierten Kalmar

Zubereitungszeit: 90 Minuten 	*Backzeit: 15 Minuten*

Gesamtzeit: 105 Minuten

Zutaten:

Teig:

- 500 g Mehl
- 1 Hefewürfel (40 g)
- 250 ml Wasser
- 2 EL Olivenöl
- 1 EL Salz
- 1 EL Zucker

Belag:

- 450 g Calamari-Ringe
- 250 ml Bier
- 100 g Mehl
- ½ TL Salz
- 1 L Rapsöl
- 150 g Tomatensoße
- 1 Handvoll geschnittener Pepperoncini
- 340 g Mozzarella
- Petersilie
- 120 ml Joghurt
- 2 TL Chilisoße
- 2 TL Saft aus dem Pepperoncini Glas

Zubereitung:

Der Teig:

1. In einem Behälter etwa die Hälfte des lauwarmen Wassers mit der Hefe und ein wenig Zucker auflösen. Das Wasser sollte dabei etwas wärmer als Zimmertemperatur sein.

2. In einer Schüssel Mehl und Salz vermischen und das Öl mit der Wassermischung hinzufügen. Das übrige Wasser hinzufügen und das Ganze zu einem glatten Teig kneten. Wer es sich leichter machen möchte kann eine Küchenmaschine mit einem Knethaken zum Kneten verwenden.

3. Ein Küchentuch mit ein wenig lauwarmem Wasser feucht machen und den Teig damit bedecken. Der Teig sollte anschließend 30 Minuten an einem warmen Ort ruhen.

4. Nachdem der Teig aufgegangen ist, kann er in 4 Stücke geschnitten werden und jedes Stück noch einmal durchgeknetet werden. Die Arbeitsfläche dann mit Mehl bestäuben und die Teigstücke eine weitere halbe Stunde gehen lassen.

5. Nun kann der Teig zur kreisrunden Pizza verarbeitet werden, dazu ein Nudelholz oder den Handballen verwenden. Die Pizza auf ein Backblech mit Backpapier legen und den Rand hochdrücken. Nun den Rand mit Olivenöl bepinseln und den Ofen auf 200° C vorheizen.

Der Belag:

6. Für den Bierteig, in einer kleinen Schüssel Bier, Mehl und Salz gut vermengen.

7. Einen Topf mit dem Rapsöl vorbereiten und die Ringe in den Bierteig tunken, etwas abstreifen und im Rapsöl ausbacken.

8. Die Soße auf den Pizzaboden verteilen und mit Pepperoncini und Mozzarella belegen. Das Ganze nun für etwa 15 Minuten im Ofen backen, bis sie goldbraun und knusprig ist.

9. Inzwischen kann Joghurt, Chilisoße und Pepperoncini Saft zusammengerührt werden.

10. Wenn die Pizza aus den Ofen genommen werden kann, wird sie noch mit den frittierten Calamari-Ringen, der vorbereiteten Soße, Petersilie und ein wenig geriebene Zitronenschale belegt.

11. Die Pizza kann nun mit Zitronen serviert und sofort genossen werden.

67. Krabben-Pizza

Zubereitungszeit: 90 Minuten   *Backzeit: 15 Minuten*
Gesamtzeit: 105 Minuten

Zutaten:

Teig:

- 500 g Mehl
- 1 Hefewürfel (40 g)
- 250 ml Wasser
- 2 EL Olivenöl
- 1 EL Salz
- 1 EL Zucker

Belag:

- 150 g Tomatensoße
- 500 g Krabbenfleisch
- ½ EL Old Bay Gewürzmischung
- 120 ml gefrorener Blattspinat
- 120 g geriebener Mozzarella
- 25 g Parmesan
- 2 EL Lemon Dijon Vinaigrette

Zubereitung:

Der Teig:

1. In einer kleinen Schüssel etwa 70 ml Wasser geben und die Hefe hineingeben. Dann gemeinsam mit ein wenig Zucker auflösen. Darauf achten, dass das Wasser lauwarm ist.

2. In einer Schüssel Mehl und Salz vermischen und das Öl mit der Wassermischung hinzufügen. Die übrige Menge an Wasser dazugeben und das Ganze zu einem Teig kneten. Es kann einige Minuten dauern, bis der Teig die richtige Konsistenz hat und nicht mehr an der Schüssel klebt. Theoretisch kann man auch eine Küchenmaschine mit einem Knethaken zum Kneten verwenden.

3. Ein Geschirrtuch mit ein wenig lauwarmem Wasser etwas feucht machen und den Teig damit bedecken. Der Teig sollte anschließend 30 Minuten an einem warmen Ort ruhen.

4. Nachdem der Teig geruht hat, kann er in 4 Teile geschnitten werden und jedes Stück noch einmal durchgeknetet werden. Die Arbeitsfläche dann mit Mehl bestäuben und die Teigstücke eine weitere halbe Stunde gehen lassen.

5. Den Teig zu einen runden Boden ausrollen und auf ein mit Backpapier versehenes Backblech legen. Anschließend den Ofen auf 200° C vorheizen und den Rand des Teiges wulstartig in die Höhe drücken.

Der Belag:

6. Die Pizza nun für etwa 10 Minuten backen lassen und anschließend aus den Ofen nehmen.

7. Die Tomatensoße auf den Boden verstreichen.

8. Krabbenfleisch und Old Bay Gewürzmischung in einer Schüssel gut vermengen. Dann die Mischung mit Spinat, Mozzarella und Parmesan auf die Pizza geben und für 15 Minuten in den Ofen schieben.

9. Die Pizza kann dann mit dem Dressing beträufelt und sofort genossen werden.

68. Lachs-Pizza

Zubereitungszeit: 90 Minuten   *Backzeit: 15 Minuten*
Gesamtzeit: 105 Minuten

Zutaten:

Teig:

- 500 g Mehl
- 1 Hefewürfel (40 g)
- 250 ml Wasser
- 2 EL Olivenöl
- 1 EL Salz
- 1 EL Zucker

Belag:

- 150 g Tomatensoße
- 2 Tomaten
- 1 Kalmar, gewaschen und in feine Ringe geschnitten
- 100 g geräucherter Lachs
- 40 g geriebener Käse
- ½ rote Zwiebel
- 100 g Feta
- 2 EL Petersilie
- 1 rote Chili
- Zitronen

Zubereitung:

Der Teig:

1. Einen Behälter zur Hand nehmen und 70 ml Wasser hineingeben. Die Hefe hineinbröseln und gemeinsam mit ein wenig Zucker auflösen. Das Wasser sollte dabei etwas wärmer als Zimmertemperatur sein.

2. In einer separaten Schüssel Mehl und Salz vermischen und das Öl mit der Wassermischung hinzufügen. Die übrige Menge an Wasser dazugeben und das Ganze zu einem Teig kneten. Es kann einige Minuten dauern, bis der Teig glatt geworden ist und nicht mehr an der Schüssel kleben bleibt. Theoretisch kann man auch eine Küchenmaschine mit einem Knethaken zum Kneten verwenden.

3. Ein Küchentuch mit ein wenig lauwarmem Wasser etwas feucht machen und den Teig damit bedecken. Der Teig sollte anschließend 30 Minuten an einem warmen Ort ruhen.

4. Nachdem der Teig seine Ruhe hatte, kann er in 4 Teile geschnitten werden und jedes Stück noch einmal durchgeknetet werden. Die Arbeitsfläche dann mit Mehl bestäuben und die Teigstücke eine weitere halbe Stunde gehen lassen.

5. Den Teig mit einem Nudelholz ausrollen und auf ein mit Backpapier versehenes Backblech legen. Den Rand wulstartig hochdrücken und eventuell mit Olivenöl bepinseln. Dann den Ofen auf 200° C vorheizen.

Der Belag:

6. Die Tomatensoße gleichmäßig auf dem Boden verteilen und die Pizza etwa 10 Minuten goldbraun backen.

7. Die geschnittenen Zutaten: Tomaten, Kalmar, Lachs, Zwiebel und Feta auf die Pizza legen und mit geriebenen Käse bestreuen. Anschließend weitere 8-10 Minuten im Ofen geben, oder bis der Kalmar durch und der Boden knusprig ist.

8. Schlussendlich etwas Petersilie und ein wenig Chili auf der Pizza verteilen und mit Zitronen-Vierteln servieren.

69. Muschelpizza

Zubereitungszeit: 90 Minuten *Backzeit: 15 Minuten*
Gesamtzeit: 105 Minuten

Zutaten:

Teig:

- 500 g Mehl
- 1 Hefewürfel (40 g)
- 250 ml Wasser
- 2 EL Olivenöl
- 1 EL Salz
- 1 EL Zucker

Belag:

- 150 g Tomatensoße
- ½ Dose geschälte Tomaten
- 200 g Muschelfleisch
- herausgelöst
- 2 Knoblauchzehen
- 1 EL gehackte Petersilie
- Olivenöl
- Oregano
- Salz
- Pfeffer

Zubereitung:

Der Teig:

1. In einem Gefäß 70 ml Wasser geben und den Hefe hineinbröseln und gemeinsam mit ein wenig Zucker auflösen. Das Wasser sollte dabei etwas wärmer als Zimmertemperatur sein.

2. In einer Schüssel Mehl und Salz vermischen und das Öl mit der Wassermischung hinzufügen. Die übrige Menge an Wasser dazugeben und das Ganze zu einem Teig kneten. Es kann einige Minuten dauern, bis der Teig die richtige Konsistenz hat und nicht mehr an der Schüssel klebt. Theoretisch kann man auch eine Küchenmaschine mit einem Knethaken zum Kneten verwenden.

3. Ein Küchentuch mit ein wenig lauwarmem Wasser etwas feucht machen und den Teig damit bedecken. Der Teig sollte anschließend 30 Minuten an einem warmen Ort ruhen.

4. Nachdem der Teig seine Ruhe hatte, kann er in 4 Teile geschnitten werden und jedes Stück noch einmal durchgeknetet werden. Die Arbeitsfläche dann mit Mehl bestäuben und die Teigstücke eine weitere halbe Stunde gehen lassen.

5. Den Backofen auf 200° C vorheizen und den Teig mit dem Nudelholz ausrollen. Dabei den Rand wulstig in die Höhe drücken und den Teig anschließend auf ein Backblech mit Backpapier versehen legen.

Der Belag:

6. Den Knoblauch fein zerhacken und die Tomaten aus der Dose nehmen und etwas zerdrücken.

7. Den Teigboden mit Tomatensoße beschmieren und mit den Tomaten und dem Muschelfleisch belegen. Die zerhackte Knoblauchzehe und Petersilie auf die Pizza geben und zum Schluss mit Salz und Pfeffer würzen.

8. Die Pizza für etwa 15 Minuten in den Ofen oder bis sie goldbraun geworden ist.

70. Shrimp Pizza

Zubereitungszeit: 90 Minuten   *Backzeit: 15 Minuten*

Gesamtzeit: 105 Minuten

Zutaten:

Teig:

- 500 g Mehl
- 1 Hefewürfel (40 g)
- 250 ml Wasser
- 2 EL Olivenöl
- 1 EL Salz
- 1 EL Zucker

Belag:

- 150 g Tomatensoße
- 150 g geriebener Käse
- 150 g Shrimps
- 100 g Zucchini
- 2 EL geriebener
- Parmesan
- Olivenöl

Zubereitung:

Der Teig:

1. In einem Gefäß die Hälfte des Wassers leeren und Hefe hineinbröseln. Anschließend gemeinsam mit ein wenig Zucker auflösen. Das Wasser sollte dabei lauwarm sein.

2. In einer Schüssel Mehl und Salz vermischen und das Öl mit der Wassermischung hinzufügen. Die übrige Menge an Wasser dazugeben und das Ganze zu einem Teig kneten. Es kann einige Minuten dauern, bis der Teig die richtige Konsistenz hat und nicht mehr an der Schüssel klebt. Theoretisch kann man auch eine Küchenmaschine mit einem Knethaken zum Kneten verwenden.

3. Ein Küchentuch mit ein wenig lauwarmem Wasser etwas feucht machen und den Teig damit bedecken. Der Teig sollte anschließend 30 Minuten an einem warmen Ort ruhen.

4. Nachdem der Teig seine Ruhe hatte, kann er in 4 Teile geschnitten werden und jedes Stück noch einmal durchgeknetet werden. Die Arbeitsfläche dann mit Mehl bestäuben und die Teigstücke eine weitere halbe Stunde gehen lassen.

5. Den Teig mit dem Handballen vom Körper wegdrückend ausrollen und auf ein Backblech mit Pergamentpapier legen. Den Rand wulstartig hochdrücken und eventuell mit etwas Olivenöl bestreichen.

6. Der Ofen sollte nun auf 200° C aufgeheizt werden.

Der Belag:

7. Für den Belag muss als erstes die Zucchini gewaschen und geschnitten werden. Dünne Scheiben schneiden.

8. Der Teigboden wird nun mit Tomatensoße bestrichen und anschließend mit dem geriebenen Käse bestreut.

9. Zucchini und Garnelen kommen nun auf den Boden und werden mit Parmesan bedeckt.

10. Schlussendlich etwas Olivenöl über die ganze Pizza spritzen und im Ofen 15 Minuten backen lassen, oder bis sie hellbraun und knusprig ist.

Besondere Pizzen

71. Calzone

Zubereitungszeit: 90 Minuten *Backzeit: 20 Minuten*
Gesamtzeit: 110 Minuten

Zutaten:

Teig:

- 500 g Mehl
- 1 Hefewürfel (40 g)
- 250 ml Wasser
- 2 EL Olivenöl
- 1 EL Salz
- 1 EL Zucker

Belag:

- 2 EL Tomatenmark
- 2 EL Olivenöl
- 300 g Mozzarella
- 250 g Ricotta
- 200 g Schinken
- Oregano
- Salz
- Pfeffer

Zubereitung:

Der Teig:

1. Wasser etwas erhitzen, sodass es etwas wärmer als die Zimmertemperatur ist. Dann Hefe und Zucker im Wasser auflösen und für etwa 5 Minuten zur Bläschen-Bildung beiseitestellen.

2. In einer Schüssel Mehl und Salz vermischen und das Öl mit der Wassermischung beifügen. Die übrige Menge an Wasser dazugeben und das Ganze zu einem Teig kneten. Es kann einige Minuten dauern, bis der Teig die richtige Konsistenz hat und nicht mehr an der Schüssel klebt. Natürlich kann man auch eine Küchenmaschine mit einem Knethaken zum Kneten verwenden.

3. Ein Küchentuch mit ein wenig lauwarmem Wasser etwas feucht machen und den Teig damit bedecken. Der Teig sollte anschließend 30 Minuten an einem warmen Ort ruhen.

4. Nachdem der Teig seine Ruhe hatte, kann er in 4 Teile geschnitten werden und jedes Stück noch einmal durchgeknetet werden. Die Arbeitsfläche dann mit Mehl bestäuben und die Teigstücke eine weitere halbe Stunde gehen lassen.

5. Die Teigkugeln anschließend schön ausrollen, Dicke nach Belieben und den Ofen auf 200° C vorheizen.

Der Belag:

6. Für den Belag sollten alle Zutaten klein würfelig geschnitten werden. Der Schinken kann auch in Streifen geschnitten werden.

7. Eine Hälfte der Pizza wird mit Mozzarella, Ricotta und Schinken bestückt und mit Oregano, Salz und Pfeffer gewürzt.

8. Die andere Hälfte wird nun auf die Zutaten gelegt und den Rand etwas mit Wasser feucht gemacht. Alles gut zusammendrücken und ein wenig Tomatenmark auf den Fladen verstreichen.

9. Die Calzone kommt nun auf ein mit Backpapier versehenes Backblech wo es dann in den Ofen für 20 Minuten geschoben wird.

10. Nachdem die Calzone fertig gebacken ist, kann sie aus den Ofen herausgenommen und mit etwas Olivenöl beträufelt werden.

72. Pizza Donuts

Zubereitungszeit: 100 Minuten   *Backzeit: 10 Minuten*
Gesamtzeit: 110 Minuten

Zutaten:

Teig:

- 500 g Mehl
- 1 Hefewürfel (40 g)
- 250 ml Wasser
- 2 EL Olivenöl
- 1 EL Salz
- 1 EL Zucker

Belag:

- 80 g Tomatenmark
- 2 Mozzarella-Kugeln
- 12 Salami-Scheiben
- 8 Käse-Scheiben (z. B. Provolone)
- 4 Mini-Salamis
- 1 L Pflanzenöl

Zubereitung:

Der Teig:

1. In einem kleinen Gefäß 70 ml Wasser geben und die Hefe hineinbröseln und gemeinsam mit ein wenig Zucker auflösen. Das Wasser sollte dabei etwas wärmer als Zimmertemperatur sein.

2. In einer Schüssel Mehl und Salz vermischen und das Öl mit der Wassermischung hinzufügen. Die übrige Menge an Wasser dazugeben und das Ganze zu einem Teig kneten. Es kann einige Minuten dauern, bis der Teig die richtige Konsistenz hat und nicht mehr an der Schüssel klebt. Theoretisch kann man auch eine Küchenmaschine mit einem Knethaken zum Kneten verwenden.

3. Ein Küchentuch mit ein wenig lauwarmem Wasser etwas feucht machen und den Teig damit bedecken. Der Teig sollte dann eine halbe Stunde an einem warmen Ort ruhen.

4. Nach der Ruhezeit, kann der Teig in 4 Stücke geteilt werden und jedes Stück noch einmal durchgeknetet werden. Die Arbeitsfläche dann mit Mehl bestäuben und die Teigstücke eine weitere halbe Stunde gehen lassen.

5. Den Teig schön in 2 Rechtecke ausrollen.

Der Belag:

6. Das Öl in einer hohen Pfanne auf 350° aufheizen.

7. Den ausgerollten Teig mit etwas Mark beschmieren und Mozzarellastücke und Salami-Scheiben hinzufügen.

8. Die andere Hälfte des Teiges auf den Belag legen und drücken. Eventuell mit dem Nudelholz andrücken.

9. Das andere Rechteck mit Provolone belegen und ebenso die Hälfte darüber geben und andrücken.

10. Die Donuts ausstechen und den Rand der Donuts eindrücken.

11. Mini-Salamis und mehr Provolone in Stücke schneiden und beiseitestellen.

12. Die Donuts je Seite etwa 4 Minuten frittieren und das Fett mit einer Küchenrolle abtupfen.

13. Provolone und Salamis auf die warmen Donuts verteilen und genießen.

73. Deftige Pizza auf französischem Brot

Zubereitungszeit: 20 Minuten   *Backzeit: 17 Minuten*

Gesamtzeit: 37 Minuten

Zutaten:

- 1 Baguette
- 2 Paprika
- 1 kleine Zwiebel

- 450 g Hackfleisch (vom Rind)

- 450 g Manwich Bold Soße
- 200 g Cheddar

Zubereitung:

1. Den Ofen auf 180° C vorheizen.

2. Auf einem Backblech Alufolie legen und das aufgeschnittene Brot mit der weichen Innenseite nach oben auf die Folie legen.

3. In einer Pfanne 1 Esslöffel Olivenöl erhitzen und die gehackte Zwiebel etwa 2 Minuten lang braten. Die Paprika in kleine Stücke schneiden und hinzufügen. Weitere 3 Minuten lang braten, bis das Gemüse weich geworden ist.

4. Das Hackfleisch dazugeben und mit Salz und Pfeffer würzen. Gut anbraten, sodass das Fleisch nicht mehr rosa sondern grau-braun geworden ist. Die Soße hineinschütten und alles gut erhitzen.

5. Die Mischung auf das Brot verteilen und mit Käse, Menge nach Geschmack, bedecken.

6. Das Brot für etwa 10 Minuten backen, oder bis der Käse geschmolzen ist.

74. Flammkuchen

Zubereitungszeit: 20 Minuten   *Backzeit: 20 Minuten*

Gesamtzeit: 40 Minuten

Zutaten:

Teig:

- 200 g Mehl
- 125 ml Wasser
- 2-3 EL Öl
- 1 Prise Salz

Belag:

- 1 Becher Crème fraîche
- 150 g Speck
- 1 große Zwiebel
- Muskatnuss
- Pfeffer

Zubereitung:

Der Teig:

1. Für den Teig lediglich alle Zutaten in einer Schüssel zu einem glatten Teig verarbeiten und für einige Minuten auf einer bemehlten Arbeitsfläche ruhen lassen und inzwischen sich dem Belag widmen.

Der Belag:

2. Die Zwiebel schälen und in kleine Stücke schneiden. Den Speck in Streifen lassen oder auch in kleine Stücke schneiden.

3. Wer möchte kann auch einen vegetarischen Belag verwenden. Beim Belag ist der Kreativität keine Grenzen gesetzt.

4. Nun anschließend wird der Teig mit einem Nudelholz ausgerollt und auf ein Backpapier auf einem Backblech gelegt. Der Flammkuchen ist eine sehr dünne Pizza, also darauf achten, dass der Boden schön gleichmäßig dünn ist

5. Das Crème fraîche wird auf den Teig verschmiert und Muskatnuss darüber gestreut.

6. Anschließend kommt der Belag, also in diesem Fall die Zwiebel und der Speck, auf den Flammkuchen und kann noch mit ein wenig Pfeffer gewürzt werden.

7. Der Flammkuchen kommt in einem vorgeheizten Backrohr auf 180° C für etwa 20-25 Minuten hinein und kann, wenn er goldbraun und knusprig ist, herausgenommen werden. Fertig ist der Flammkuchen.

75. Pizza zum Frühstück

Zubereitungszeit: 90 Minuten   *Backzeit: 15 Minuten*
Gesamtzeit: 105 Minuten

Zutaten:

Teig:

- 500 g Mehl
- 1 Hefewürfel (40 g)
- 250 ml Wasser
- 2 EL Olivenöl
- 1 EL Salz
- 1 EL Zucker

Belag:

- ½ Bund grüner Spargel
- 150 g Mozzarella
- 150 g Brie
- ½ Bund Basilikum
- 2 EL grünes Pesto
- 2 EL rotes Pesto
- 4 Eier
- 5 EL Olivenöl
- 2 EL Zitronensaft
- Salz
- Pfeffer

Zubereitung:

Der Teig:

1. In einem kleinen Behälter mit 70 ml Wasser Hefe hineinbröseln und gemeinsam mit ein wenig Zucker auflösen. Das Wasser sollte dabei etwas wärmer als Zimmertemperatur sein.

2. In einer separaten großen Schüssel Mehl und Salz vermengen und das Öl mit der Wassermischung beifügen. Das restliche Wasser hinzufügen und das Ganze zu einem Teig kneten. Es kann einige Knetminuten in Anspruch nehmen, bis der Teig die richtige glatte Konsistenz hat und nicht mehr an der Schüssel kleben bleibt. Eine Küchenmaschine kann natürlich auch verwendet werden. Hierbei aber darauf achten, dass nicht zu lange geknetet wird, weil der Teig sonst gummiartig und schlecht zum Weiterverarbeiten wird.

3. Ein Geschirrtuch mit lauwarmem Wasser etwas feucht machen und den Teig damit bedecken. Der Teig sollte anschließend 30 Minuten an einem warmen Ort ruhen.

4. Nachdem der Teig geruht ist, kann er in 4 Teile geteilt werden und jedes Stück noch einmal durchgeknetet werden. Die Arbeitsfläche dann mit Mehl bestäuben und die Teigstücke eine weitere halbe Stunde gehen lassen.

5. Den Teig ausrollen und den Rand wulstartig in die Höhe drücken. Eventuell mit Olivenöl bestreichen. Ein Backblech mit Backpapier auslegen und den Pizzaboden auf diesen legen. Das Backrohr auf 200° C vorheizen.

Der Belag:

6. Den Brie von der Rinde befreien und beide Käsesorten in dünne Scheiben schneiden.

7. Die Pizza mit den Käsesorten belegen und 10 Minuten im Ofen backen lassen.

8. Das Ende des Spargels entfernen und das untere Drittel schälen. Dann breite Streifen mit einem Gemüsehobel machen.

9. Öl, Zitronensaft mit Salz und Pfeffer vermengen und den Spargel hinzufügen. Gut durchmischen, so dass alle Spargelstreifen gut bedeckt sind.

10. Die Basilikumblätter vom Stängel rupfen und schön hacken.

11. Nach den 10 Minuten im Ofen kann die Pizza herausgeholt werden, die Eier aufgeschlagen und weitere 5-6 Minuten gebacken werden.

12. Schlussendlich die fertige Pizza mit dem Spargel, den Pestosorten und Basilikum belegen und etwas salzen und pfeffern.

76. Glas-Pizza

Zubereitungszeit: 90 Minuten   *Backzeit: 40 Minuten*
Gesamtzeit: 130 Minuten

Zutaten:

Teig:

- 500 g Mehl
- 1 Hefewürfel (40 g)
- 250 ml Wasser
- 2 EL Olivenöl
- 1 EL Salz
- 1 EL Zucker

Belag:

- 200 g geriebener Mozzarella
- 200g Tomatensoße
- 2 Basilikumblätter

Zubereitung:

1. 70 ml lauwarmes Wasser in eine Schüssel geben und die Hefe hineinbröseln. Anschließend gemeinsam mit ein wenig Zucker auflösen. Das Wasser sollte dabei etwas wärmer als Zimmertemperatur sein.

2. In einer Schüssel Mehl und Salz vermischen und das Öl mit der Wassermischung hinzufügen. Die übrige Menge an Wasser dazugeben und das Ganze zu einem Teig kneten. Es kann einige Minuten dauern, bis der Teig die richtige Konsistenz hat und nicht mehr an der Schüssel klebt. Theoretisch kann man auch eine Küchenmaschine mit einem Knethaken zum Kneten verwenden.

3. Ein Küchentuch mit ein wenig lauwarmem Wasser etwas anfeuchten und den Teig damit bedecken. Nun für eine halbe Stunde an einem warmen Ort gehen lassen.

4. Sobald der Teig schön aufgegangen ist, kann er in 4 Stücke geschnitten werden und jedes Stück noch einmal durchgeknetet werden. Die Arbeitsfläche dann mit Mehl bestäuben und die Teigstücke eine weitere halbe Stunde gehen lassen.

5. Den Ofen auf 170° C vorheizen und eine tiefe Form zum Backen mit Wasser füllen.

Der Belag:

6. Einmachgläser zur Hand nehmen und mit dem Pizzateig auslegen. Das Ganze wird nun im Wasser für etwa 20 Minuten im Ofen gelassen.

7. Nach der Backzeit kann Tomatensoße auf den Teig gegeben und etwas geriebenen Käse darüber verteilt werden. Dies wiederholen, bis auf der letzten Schicht der übrige Käse verteilt wird und weitere 20 Minuten im Ofen gebacken wird.

8. Die Pizza im Glas mit Basilikum servieren und genießen.

77. Kartoffel-Pizza

Zubereitungszeit: 30 Minuten   *Backzeit: 20 Minuten*
Gesamtzeit: 50 Minuten

Zutaten:

- 500 g Kartoffeln
- 2 große Tomaten
- 100 g Mozzarella
- 100 g Rucola

- 1 EL Pesto
- 1 TL italienische Kräuter
- 2 EL Balsamessig

- 1 EL Rapsöl
- 1 EL Olivenöl
- Salz

Zubereitung:

1. Die Kartoffeln putzen und waschen. Einen Kochtopf mit Wasser salzen und zum Kochen bringen. Die Kartoffeln dann etwa 20 Minuten lang kochen, anschließend mit kaltem Wasser abschrecken und schälen. Abkühlen lassen.

2. Die Tomaten waschen und in dünne Scheiben schneiden. Den Mozzarella öffnen, in einem Sieb abtropfen lassen und klein würfelig schneiden. Den Rucola ebenso waschen und schleudern, damit er trocknet. Die Stiele entfernen und in kleine mundgerechte Häppchen schneiden.

3. Die Kartoffel reiben und in einer Pfanne mit ein wenig Öl etwa 10 Minuten goldbraun anbraten.

4. Den Boden auf ein Backblech mit Pergamentpapier versehen legen und mit Pesto bestreichen. Anschließend mit Tomaten, Rucola und Mozzarella und ein wenig Salz und Pfeffer belegen.

5. Das Ganze kommt nun bei 180° C für etwa 15 Minuten in den Ofen.

78. Kleine Pizzabrote

Zubereitungszeit: 200 Minuten   *Backzeit: 15 Minuten*
Gesamtzeit: 215 Minuten

Zutaten:

Teig:

- 500 g Mehl
- 20 g frische Hefe
- 300 ml warmes
  Wasser
- 6 EL Milch
- 6 EL Olivenöl
- 15 g Salz
- 1 TL Zucker

Belag:

- 280 g getrocknete
  Tomaten
- 200 g Pesto
- 125 g Mozzarella

Zubereitung:

Der Teig:

1. In einer kleinen Schüssel 150 ml warmes Wasser, Zucker und Hefe vermengen und etwa 5 Minuten gehen lassen, bis es zum Schäumen anfängt.

2. In einer großen Schüssel Mehl geben und eine kleine Mulde in der Mitte des Mehls bilden. Öl und Milch in die Mulde hineingeben und in das Mehl hineinarbeiten.

3. Die Hefe hineingeben und miteinander verrühren.

4. Das restliche Wasser mit Salz vermischen und in die große Schüssel geben. Nun kann der Teig geknetet werden und anschließend für 2 Stunden an einem warmen Ort ruhen.

5. Den Ofen auf 200° C aufheizen und ein Backblech mit Pergamentpapier versehen.

Der Belag:

6. Die getrockneten Tomaten in kleine Stücke schneiden, Mozzarella abtropfen lassen und zerrupfen.

7. Den Hefeteig nun auf einer mit Mehl bestreuten Arbeitsfläche nochmals durchkneten und 16 gleichgroße Stücke zu Kugeln formen.

8. Diese nun mit dem Handballen flach drücken und 1 TL Pesto in die Mitte des Bodens geben. Dann ein paar getrocknete Tomaten und ein wenig Mozzarella auf das Pesto geben und den übrigen Teig auf die Füllung setzen. Das Ganze zu einer Kugel formen und im Backofen für etwa 15 Minuten backen lassen.

79. Pizza aus Kokos

Zubereitungszeit: 55 Minuten   *Backzeit: 20 Minuten*

Gesamtzeit: 75 Minuten

Zutaten:

Boden:

- 240 g Kokosmehl
- 8 EL geschrotete Leinsamen
- 8 EL Kokosjoghurt
- 4 TL italienische Kräuter
- Salz

Belag:

- 2 rote Paprika
- 250 g Mozzarella
- 275 ml Gemüsebrühe
- 28 g Kartoffel

Zubereitung:

Der Boden:

1. Die Leinsamen in eine Schüssel geben und mit 300 ml Wasser auffüllen. Etwa 15 Minuten aufquellen lassen.

Der Belag:

2. Während des Quellens kann die Paprikasoße zubereitet werden. Dafür werden die Paprikaschoten halbiert, entkernt und gewaschen. Anschließend in kleine Stücke geschnitten. Kartoffel schälen und in kleine Würfel schneiden

3. Nun eine tiefe Pfanne bei geringer Hitze erwärmen und die Paprika- und Kartoffelstücke hineingeben. Etwa 3-4 Minuten lang anbraten und die Gemüsebrühe hinzufügen.

4. Das Ganze sollte mit dem Deckel zu bei mittlerer Hitze für etwa 20 Minuten köcheln, bis das Gemüse weich geworden ist.

5. Das Gemüse anschließend in den Mixer geben und pürieren. Falls die Soße zu dick ist, ein wenig Brühe hinzufügen.

6. Den Backofen auf 180° C einstellen und zwei Backbleche mit Pergamentpapier ausstatten.

7. Nun in einer separaten Schüssel Joghurt, Kokosmehl, Salz und Kräuter mit den aufgequollenen Leinsamen verrühren und ein wenig kneten.

8. Zu Kugeln formen und auf den 2 Backblechen schön zu einen 5 mm dicken Kreis verschmieren.

9. Dann 15 Minuten lang backen und anschließend mit der Soße beschmieren. Mit ein paar Basilikumblätter und Käsescheiben belegen und noch einmal für 5 Minuten backen.

80. Pizza-Kuchen

Zubereitungszeit: 90 Minuten   *Backzeit: 30 Minuten*
Gesamtzeit: 120 Minuten

Zutaten:

Teig:

- 500 g Mehl
- 1 frischer Hefewürfel
- 250 ml Wasser
- 2 EL Olivenöl
- 1 EL Salz
- 1 EL Zucker

Belag:

- 150 g Tomatensoße
- 150 g scharfe Salami
- 200 g geriebener Mozzarella

Zubereitung:

Der Teig:

1. In einem Gefäß mit etwas lauwarmen Wasser Hefe hineinbröseln und gemeinsam mit ein wenig Zucker auflösen. Das Wasser sollte dabei etwas wärmer als Zimmertemperatur sein.

2. In einer separaten Schüssel Mehl und Salz vermengen und Öl mit Wasser hinzufügen. Die übrige Menge an Wasser dazugeben und das Ganze zu einem Teig kneten. Es kann einige Minuten dauern, bis der Teig die richtige Konsistenz hat und nicht mehr an der Schüssel klebt. Theoretisch kann man auch eine Küchenmaschine mit einem Knethaken zum Kneten verwenden.

3. Ein Tuch zum Abdecken mit ein wenig lauwarmem Wasser befeuchten und den Teig damit bedecken. Der Teig sollte anschließend 30 Minuten an einem warmen Ort ruhen.

4. Nachdem der Teig um einiges größer geworden ist, kann er in 4 Stücke geschnitten werden und jedes Stück noch einmal durchgeknetet werden. Die Arbeitsfläche dann mit Mehl bestäuben und die Teigstücke eine weitere halbe Stunde gehen lassen.

5. Das Rohr auf 200° C vorheizen und den Teig zu einem dünnen Boden zu einem Rechteck ausrollen.

6. Eine Kuchenspringform zur Hand nehmen und 4 runde Pizzaböden mit ihrer Hilfe ausschneiden. Diese im Ofen für etwa 5-8 Minuten backen lassen.

7. Nun zu den Kuchenseiten: Dafür mit dem Ring der Springform auf den Teig einmal ganz abfahren und etwa 2-3 cm an Breite für die Kruste hinzufügen.

8. Den Teigstreifen ausschneiden und die Springform mit Backpapier auslegen. Anschließend die Innenseite der Springform mit dem Teigstreifen verkleiden.

9. Die Pizzaböden aus den Ofen nehmen und eventuell noch einmal nachschneiden, falls sie zu groß geraten sind.

Der Belag:

10. Nun wird der Kuchen zusammengebracht: Ein Pizzaboden in die Springform setzen und mit Tomatensoße, Salamischeiben und viel geriebenen Mozzarella bedecken. Den nächsten Boden hinzufügen und wiederholen. Dabei nicht mit dem Käse sparen!

11. Den letzten Pizzaboden ebenfalls belegen und mit dem überschauenden Teig eine schöne Kruste bilden.

12. Den Pizza-Kuchen für etwa 20-25 Minuten in den Ofen stellen und anschließend abkühlen lassen.

13. Der Kuchen kann aus der Springform genommen werden. Falls die Seiten noch zu blass sind können sie noch ohne Form in den Ofen gegeben werden. Die oberste Schicht des Kuchens sollte dabei mit etwas Alufolie abgedeckt werden.

81. Käserand-Pizza

Zubereitungszeit: 90 Minuten   *Backzeit: 30 Minuten*
Gesamtzeit: 120 Minuten

Zutaten:

Teig:

- 300 g Weizenmehl
- 1 Päckchen Trockenhefe
- 200 ml lauwarmes Wasser
- 1 EL Olivenöl
- 1 TL Zucker
- 1 TL Salz

Belag:

- 150 g Champignons
- 100 g gekochter Schinken
- 100 g Salami
- Pfeffer
- Salz
- 100 g Gouda
- 400 g Tomatensoße
- 125 g Mozzarella
- 100 g geriebener Pizzakäse
- Oregano

Zubereitung:

Der Teig:

1. In einer großen Schüssel Mehl und Trockenhefe vermengen.

2. Die restlichen Zutaten beifügen und mithilfe des Knethaken einer Küchenmaschine langsam zu einem Teig kneten. So lange kneten, bis er schön geschmeidig geworden ist.

3. Den Teig in eine mit Mehl bestreute Schüssel legen und mit einem Geschirrtuch abdecken. Das Ganze nun für etwa 1 Stunde an einem warmen Ort gehen lassen.

4. Ein Backblech inzwischen einfetten und den Backofen auf 200° C Unter- und Oberhitze aufheizen.

Der Belag:

5. Die Champignons putzen und in kleine Stücke schneiden, die Salami und den Schinken in kleine Stücke oder feine Scheiben schneiden und den Mozzarella abtropfen lassen. Ebenfalls in Scheiben schneiden.

6. Gouda in kleine Stangen schneiden, etwa einen halben cm dick.

7. Den Teig noch einmal durchkneten auf einer mit Mehl bestäubten Arbeitsfläche ausrollen. Diesen dann auf ein mit Backpapier aus gelegten Backblech geben und eventuell noch mehr ausrollen. Es sollte ein wenig Teig am Rand überlappen.

8. An den Seiten die Emmentaler Sticks platzieren und den überlappenden Teig über die Sticks legen und zu einer Kruste formen.

9. Auf den restlichen Pizzaboden Tomatensoße streichen und mit Oregano, Salz und Pfeffer bestreuen.

10. Den Käse, Champignons, Schinken, Salami und die Mozzarella-Scheiben auf den Teig legen und mit dem übrigen geriebenen Käse bedecken.

11. Die Pizza kommt nun für etwa 30 Minuten in die unterste Schiene.

82. Pizza-Küchleins

Zubereitungszeit: 30 Minuten   *Backzeit: 25 Minuten*
Gesamtzeit: 55 Minuten

Zutaten:

- 120 g Vollkornmehl
- 140 g Weizenmehl
- 2 TL Backpulver
- ½ TL Natron
- ½ TL Salz
- 60 ml Öl
- 180 g Buttermilch

- 1 Ei
- 1 TL getrocknete Zwiebel
- ½ TL Oregano
- ¼ TL Knoblauchpulver
- 125 g Mozzarella

- 40 g geriebener Parmesan
- 120 g Paprika
- 110 g Tomatensoße
- 120 g Salami

Zubereitung:

1. Den Ofen auf 180° C vorheizen.

2. Ein Muffinblech zur Hand nehmen und kleine Muffinförmchen hineinstecken oder auch mit Fett bestreichen.

3. Die Paprika halbieren, entkernen, waschen und klein würfelig schneiden. Die Salami gegebenenfalls in dünne Scheiben schneiden.

4. Die Mehlsorten, Backpulver, Natron, Gewürze, Mozzarella und Paprikastücke vermengen.

5. In eine großen Schüssel Öl, Buttermilch, Tomatensoße, Salamischeiben und ein Ei hineingeben und anschließend gut vermengen.

6. Die Mehl-Mischung unterheben, aber nur so lange mischen, bis alles gut angefeuchtet ist.

7. Die Muffinmulden bis zu ¾ mit Teig befüllen und geriebenen Parmesan auf den Teig rieseln lassen. Eine Salamischeibe auf den Käse setzen und für ca. 20 Minuten in den Backofen schieben.

83. Pizzataschen mit Kürbis

Zubereitungszeit: 90 Minuten *Backzeit: 10 Minuten*
Gesamtzeit: 100 Minuten

Zutaten:

Teig:

- 250 g Mehl
- ¼ Würfel Hefe
- 120 ml lauwarmes Wasser
- ½ TL Pizzagewürz
- 1 TL Salz

Füllung:

- 175 g Kürbis
- 50 g Schafskäse
- 50 g Gouda
- 1 Zucchini
- 1 Lauchstange
- 1 Knoblauchzehe
- 1 EL geschmolzene Butter
- Salz
- Pfeffer

Salat:

- 6 Cherrytomaten
- 60 ml Balsamessig
- 60 ml Rotweinreduktion
- 2 EL Kürbiskernöl
- 50 g Kürbiskerne
- 2 EL Oliven-Öl
- Radicchio
- Salz

Zubereitung:

Der Teig:

1. In einer Schüssel Mehl, Gewürze und Salz vermischen und beiseitestellen.

2. In einer separaten Schüssel Hefe mit Öl in lauwarmen Wasser verrühren und etwas Mehl darüber streuen. Ein paar Minuten gehen lassen.

3. Die Mischungen zusammenführen und zu einem glatten Teig kneten. Dann zugedeckt an einem warmen Ort für etwa eine Stunde ruhen lassen.

Die Füllung:

4. Das Kürbisfleisch in Stücke schneiden und kurz blanchieren. Den Schafskäse in kleine Würfel schneiden und den Gouda reiben. Zucchini und Tomaten waschen und auch in Würfel schneiden. Das Weiße des Lauches klein schneiden und alles in einer großen Schüssel mit der geschmolzenen Butter vermengen. Dann mit Salz, Pfeffer und

Knoblauch abschmecken. Den restlichen Lauch in kleine Streifen schneiden.

5. Eine Arbeitsfläche mit Mehl bestreuen und den Teig ausrollen. 8 Teigkreise

ausschneiden und den Belag auf den Kreis setzen. Jeweils etwa einen Esslöffel.

6. Den Teig nun zur Tasche formen und mit den Lauchstreifen befestigen.

7. Die Taschen in viel Öl frittieren, sodass sie goldbraun und knusprig sind.

Der Salat:

8. Für den Salat alle Zutaten zusammenführen und auf einen Teller mit den Taschen

servieren.

9. Schlussendlich mit ein paar Kürbiskerne garnieren und fertig.

84. Orientalische Pizza-Schnecken

Zubereitungszeit: 170 Minuten   *Backzeit: 15 Minuten*

Gesamtzeit: 185 Minuten

<u>Zutaten:</u>

Teig:

- 500 g Mehl
- 12,5 g frische Hefe
- 300 ml lauwarmes
- Wasser
- 6 EL Milch
- 6 EL Olivenöl
- 1 TL Zucker
- 15 g Salz

Belag:

- 400 g Hackfleisch
- 4 EL Tomatensoße
- 200 g saure Sahne
- 150 g geriebener Cheddar
- 1 EL Pflanzenöl
- 1 TL orientalische Gewürzmischung (Ras el Hanout)
- 2 Tomaten
- 1 Hand voll Basilikum
- Salz
- Pfeffer

<u>Zubereitung:</u>

Der Teig:

1. Die Hefe in einer kleinen Schüssel mit Zucker in 150 ml lauwarmem Wasser anrühren. Dann 5 Minuten gehen lassen, bis sich Bläschen bilden.

2. Auf einer bemehlten Arbeitsfläche das Mehl geben und eine kleine Mulde in der Mitte der trockenen Zutat bilden.

3. Anschließend Milch und Öl hineinschütten und vom Rand aus in das Mehl hineinarbeiten.

4. Das Hefewasser dazugeben und weiter vermischen. Dann das Salz im restlichem Wasser auflösen und dann in die Hefemischung geben. Das Ganze zu einem geschmeidigen Teig kneten.

5. Den Teig in eine Schüssel mit Mehl geben und mit einem feuchten Küchentuch abdecken. Dann etwa 2 Stunden an einem warmen Ort gehen lassen, sodass sich der Teig um sein Volumen verdoppelt.

6. Den Backofen auf 200° C aufheizen und ein Backblech mit Pergamentpapier auslegen.

Der Belag:

7. In einem Topf Pflanzenöl erhitzen und das Fleisch scharf anbraten. Dann mit der orientalischen Gewürzmischung, Salz und Pfeffer abschmecken.

8. Den Teig noch einmal durchkneten und dann zu einem Rechteck mit einem Nudelholz formen.

9. Die Tomatensoße auf dem Teig verteilen, den Rand frei lassen. Dann mit dem Fleisch belegen und dem Cheddar bedecken. Aufrollen und in 2 cm große Scheiben schneiden.

10. Die Scheiben auf ein Backblech geben und für 15 Minuten im Ofen backen lassen.

11. Wenn sie goldbraun und fertig sind können diese nun mit etwas geschnittenen Basilikum, Sahne, Tomaten und Cheddar belegt und sofort genossen werden.

85. Pfannkuchen Pizza

Zubereitungszeit: 25 Minuten   *Backzeit: 10 Minuten*
Gesamtzeit: 35 Minuten

Zutaten:

Teig:

- 130 g Vollkornmehl
- 150 ml Wasser
- 1 TL Trockenhefe
- 1 Prise Salz
- 1 EL Olivenöl

Belag:

- 50 g Tomatensoße
- 100 g Mozzarella
- schwarze Oliven
- Basilikumblätter
- Oregano

Zubereitung:

Der Teig:

1. In einer großen Schüssel Mehl und Trockenhefe vermengen und Öl und Wasser beifügen.

2. Alles gut verrühren und den Teig in die Pfanne geben.

Der Belag:

3. Die Tomatensoße auf den Teig streichen und mit Oregano würzen.

4. Das Ganze wird nun mit geschlossenem Deckel bei niedriger Hitze für etwa 15 Minuten gebacken.

5. Den Mozzarella abtropfen lassen und in Scheiben schneiden.

6. Den Deckel öffnen, Mozzarella hinzufügen und 5 Minuten weiter backen.

7. Schlussendlich mit Oliven und 4 Basilikumblätter servieren.

86. Pizzabälle

Zubereitungszeit: 90 Minuten   *Backzeit: 30 Minuten*
Gesamtzeit: 120 Minuten

Zutaten:

Teig:

- 500 g Mehl
- 40 g frische Hefe
- 250 ml Wasser
- 2 EL Olivenöl
- 1 EL Salz
- 1 EL Zucker

Belag:

- Tomatensoße
- 3 Tomaten
- 4 getrocknete Tomaten
- 1 Mozzarella Kugel
- 50 g Schinken
- 4 EL Mais
- ½ Chilischote
- 3 Knoblauchzehen
- Parmesan
- Olivenöl
- Oregano
- Basilikum

Zubereitung:

Der Teig:

1. In einer Schale 70 ml Wasser geben und Hefe hineinbröseln und gemeinsam mit ein wenig Zucker auflösen. Das Wasser sollte dabei lauwarm sein.

2. In einer Schüssel Mehl und Salz vermengen und das Öl mit der Wassermischung hinzufügen. Die restliche Menge an Wasser dazugeben und das Ganze zu einem Teig kneten. Es kann eine Weile dauern, bis der Teig die richtige Konsistenz hat und nicht mehr an der Schüssel klebt. Theoretisch kann man auch eine Küchenmaschine mit einem Knethaken zum Kneten verwenden.

3. Dann ein Tuch mit ein wenig lauwarmem Wasser benetzen und den Teig damit bedecken. Der Teig sollte anschließend 30 Minuten an einem warmen Ort ruhen.

4. Nachdem der Teig geruht hat, kann er in 4 Stücke geschnitten werden und jedes Stück noch einmal durchgeknetet werden. Die Arbeitsfläche dann mit Mehl bestäuben und die Teigstücke eine weitere halbe Stunde gehen lassen.

Der Belag:

5. Die Knoblauchzehen schälen und klein zerhacken. In einer kleinen Schüssel mit Olivenöl vermengen und beiseitestellen.

6. Die Tomaten, die getrockneten Tomaten genauso wie den Mozzarella und den Schinken klein würfelig schneiden.

7. Den Hefeteig nun auf einer mit Mehl bestreuten Fläche mit einem Nudelholz zu einem Rechteck ausrollen und daraus etwa 20 Vierecke schneiden.

8. Auf die Vierecke Tomaten, Mais, Mozzarella und Schinken legen und etwas Kräutern und Chili auf diese verteilen.

9. Die Ecken zusammenklappen und eine Kugel formen.

10. Die Kugeln in eine eingefettete Auflaufform geben, jeweils ein wenig Abstand lassen und weitere 25 Minuten ruhen lassen.

11. Die Buchteln anschließend mit dem schon vorher vorbereiteten Knoblauchöl bepinseln und etwas Parmesan darüber streuen.

12. Nun kann das ganze bei 200° C für etwa 30-40 Minuten backen und mit der Tomatensoße serviert werden.

87. Pizza-Schnecken

Zubereitungszeit: 80 Minuten   *Backzeit: 15 Minuten*
Gesamtzeit: 95 Minuten

Zutaten:

Teig:

- 500 g Mehl
- 1 Päckchen

- Trockenhefe
- 250 ml lauwarmes

- Wasser
- 2-3 EL Olivenöl

Belag:

- Ketchup
- 300 g Schinken
- 1 grüne Paprika

- 200 g Mais
- 200 g geriebener Käse

- 150 g Champignons
- Oregano
- Salz

Zubereitung:

Der Teig:

1. Der Teig wird aus Mehl, Hefe, lauwarmes Wasser, Öl und eine Prise Salz gefertigt. Dafür können die Hände oder eine Küchenmaschine mit Knethaken benutzt werden.

2. Den Teig etwa eine Stunde lang an einem warmen Ort ruhen lassen.

3. Den Teig anschließend mit einem Nudelholz ausrollen, sodass der Teig rechteckig auf der Arbeitsfläche liegt.

Der Belag:

3. Den Boden nun mit Ketchup, es kann auch Tomatensoße verwendet werden, bestreichen und mit ½ des geriebenen Käses bestreuen.

4. Anschließend wird der Schinken, die Champignons und Paprika klein geschnitten und auf den Teig verteilt.

5. Den Mais ebenfalls auf den Teig verteilen und den restlichen Käse mit ein bisschen Oregano auf den Boden verteilen.

6. Der Teig kann nun wie eine Biskuitrolle aufgerollt werden und in 2 cm dicke Scheiben geschnitten werden.

7. Die Scheiben auf ein mit Backpapier ausgelegten Backblech legen und nochmals mit Oregano würzen.

8. Die Schnecke nun im Backofen für 15-20 Minuten goldbraun backen.

88. Pizzaschalen mit Quinoa

Zubereitungszeit: 25 Minuten   *Backzeit: 10 Minuten*

Gesamtzeit: 35 Minuten

Zutaten:

- 350 g bereits gekochtes Quinoa
- 150 g Mozzarella
- 200 ml Tomatensoße
- 100 g Salami in Scheiben
- 1 grüne Paprika
- 1 rote Zwiebel
- 2 EL Pflanzenöl

Zubereitung:

1. Den Backofen auf 200° C erhitzen. Dieses Rezept eignet sich für 4 kleine Auflaufformen.

2. Kleine Auflaufformen zur Hand nehmen und mit ein wenig Öl bepinseln.

3. Die Paprika in die Hälfte schneiden, entkernen, waschen und klein würfelig schneiden. Die Zwiebel in feine Ringe schneiden.

4. Die Auflaufform mit 2-3 EL Tomatensoße bestreichen und mit Quinoa bedecken. Dann Mozzarella, Paprika, Salami und Zwiebelringe hinzufügen und wieder mit Tomatensoße bedecken. Mit Quinoa und eventuell mehr Zutaten auffüllen und 10 Minuten im Backrohr backen.

89. Pizza mit Spaghettiboden

Zubereitungszeit: 45 Minuten   *Backzeit: 40 Minuten*

Gesamtzeit: 85 Minuten

Zutaten:

Boden:

- 400 g Spaghetti
- 200 g Tomatensoße

Belag:

- 1 Zucchini
- 1 große Tomate
- 150 g Mini
- Mozzarella
- Oregano
- Salz
- Pfeffer
- Olivenöl

Zubereitung:

1. Die Spaghetti in Salzwasser kochen und abtropfen lassen. Anschließend mit der Tomatensoße vermengen.

2. Den Backofen auf 180° C Ober/Unterhitze einstellen.

3. Die Zucchini waschen, mit einem Küchenpapier trocken tupfen und in Scheiben schneiden.

4. Die Tomate ebenfalls waschen, das Grüne entfernen und in Würfel schneiden. Die Tomaten nun mit den Spaghetti mischen und Oregano, Salz und Pfeffer darüber geben.

5. Eine Springform zur Hand nehmen und mit Olivenöl bepinseln. Die Nudeln hinzufügen und in die Form gut hineindrücken.

6. Die Zucchinischeiben auf den Boden legen und mit den Mini-Mozzarellas abschließen. Die Pizza sollte nun für etwa 30-40 Minuten gebacken werden, bis die Spaghetti knusprig geworden sind.

90. Pizza in der Tasse

Zubereitungszeit: 20 Minuten   *Backzeit: 10 Minuten*
Gesamtzeit: 85 Minuten

Zutaten:

Teig:

- 5 EL Mehl
- ½ TL Backpulver
- 1 Eigelb
- 2 EL Topfen
- 2 EL Olivenöl
- 2 EL Wasser
- ½ TL Thymian
- Salz
- Pfeffer

Belag:

- 2 Kirschtomaten
- 1 EL geriebener Käse
- 1 Prise Paprikapulver

Zubereitung:

Der Teig:

1. Für den Teig Topfen, Eigelb, Olivenöl und 2 EL Wasser in einer Tasse verquirlen. Das kann entweder mit einer Gabel oder mit einem kleinen Schneebesen gemacht werden.

2. Anschließend mit Thymian, Pfeffer und Salz würzen.

3. Mehl und Backpulver in einer separaten Tasse gut vermengen und dann in die Tasse mit der Topfen-Mischung einrühren. Das Ganze zu einem geschmeidigen Teig rühren.

Der Belag:

4. Für den Belag sollten nun die Cherry-Tomaten gewaschen und geviertelt werden und in den Teig untergehoben werden.

5. Schlussendlich bestreut man den Teig mit Paprikapulver und den geriebenen Käse.

6. Die Tasse kommt nun bei 600 Watt in die Mikrowelle und sollte dort 1 Minute und 40 Sekunden lang backen.

7. In der Mikrowelle länger lassen, falls die Oberfläche noch nicht fest geworden ist.

8. Sobald alles fest ist, kann die Tassen-Pizza heiß genossen werden.

91. Pizza-Waffeln

Zubereitungszeit: 35 Minuten   *Backzeit: 10 Minuten*

Gesamtzeit: 45 Minuten

Zutaten:

- 85 g Quinoamehl
- 30 g Mandelmehl
- 3 EL Reismehl
- 125 ml Milch
- ¼ TL Backpulver

- 1 Ei
- 30 g Ricotta
- 2 EL Olivenöl
- 30 g geriebener Parmesan

- Knoblauchpulver
- Oregano
- 1 Prise Salz

Zubereitung:

1. Das Waffeleisen aufheizen und eine große Schüssel zur Hand nehmen.

2. Die Mehlsorten, das Backpulver und das Salz gut vermengen.

3. In einer separaten Schüssel ein Ei verquirlen und mit Milch, Oregano, Ricotta, Knoblauchpulver und Olivenöl verrühren.

4. Die Mischung anschließend zu den trockenen Zutaten geben und alles gut vermengen.

5. In das heiße Waffeleisen einen Schopflöffel voll mit Teig geben und ein paar Minuten backen, sodass die Waffel knusprig und goldbraun ist.

6. Das Backrohr auf 200° C aufheizen und das Backblech mit Pergamentpapier versehen.

7. Die Waffeln auf das Papier legen und mit der Soße beschmieren. Dann den Mozzarella auf die Soße geben und im Rohr für etwa 5-7 Minuten backen.

Süße Pizzen

92. Apfelpizza

Zubereitungszeit: 95 Minuten   *Backzeit: 15 Minuten*

Gesamtzeit: 110 Minuten

Zutaten:

Teig:

- 130 g Mehl
- ½ TL Trockenhefe
- 5 EL lauwarmes
- Wasser
- ½ TL Zucker
- ¼ TL Salz
- 1 EL Olivenöl

Belag:

- 2 Äpfel
- 50 g brauner Zucker
- 2 EL weißer Zucker
- 3 EL Butter
- 2 EL Mehl
- 2 TL Wasser
- ½ TL Zimt

Zubereitung:

Der Teig:

1. In einer kleinen Schüssel den Vorteig zubereiten: Dazu lauwarmes Wasser, Hefe und Zucker zusammenrühren und etwa 5 Minuten gehen lassen, sodass die Mischung schäumt.

2. In einer großen Schüssel das Mehl mit Salz vermengen und eine kleine Mulde in der Mitte des Mehls formen. Darin dann das Olivenöl und das Hefewasser geben und das Ganze zu einem geschmeidigen Teig kneten.

3. Die Schüssel mit ein wenig Öl bepinseln und den Teig hineingeben. Dann mit einem Küchentuch abdecken und für etwa eine Stunde an einem warmen Ort ruhen lassen.

Der Belag:

4. Die Äpfel waschen, das Kerngehäuse entfernen und in Würfel schneiden.

5. Eine Pfanne zur Hand nehmen und ein Drittel der Butter schmelzen lassen. Dann mit den Äpfelwürfeln, den braunen Zucker und den Zimt garen, bis die Äpfel weich werden und der Zucker aufgelöst ist.

6. Die übrige Butter mit dem Mehl und Zucker vermischen. Mit den Fingern zu Streusel bröseln.

7. Den Backofen auf 200° C aufheizen und das Backblech mit Pergamentpapier auslegen.

8. Die Arbeitsfläche mit Mehl bestreuen und den Teig noch einmal für eine Minute kneten. Den Teig mit dem Nudelholz ausrollen und auf das Backblech geben.

9. Das Ganze im Ofen für 5 Minuten backen, herausholen, und mit der Apfel-Mischung und den Streuseln belegen. Noch einmal für 10 Minuten in den Ofen schieben und mit einer Mischung aus Wasser und Puderzucker beträufeln. Fertig ist die süße Pizza.

93. Blaubeerpizza

Zubereitungszeit: 20 Minuten   *Backzeit: 10 Minuten*

Gesamtzeit: 30 Minuten

Zutaten:

- 2 Naan Fladenbrote
- 1 TL Olivenöl
- 150 g rote Zwiebel
- 2 EL Honig
- 120 g Ricotta
- 100 g Feta
- Blaubeeren
- Rucola
-

Zubereitung:

1. Den Backofen auf 200° C vorheizen und ein Backblech mit Backpapier auslegen.

2. Die 2 Fladenbrote auf das Backpapier legen und ein wenig mit Wasser bepinseln.

3. In einer Pfanne Olivenöl erhitzen und die roten Zwiebelringe bei mittlerer Hitze mit ein wenig Salz für etwa 5 Minuten, bis sie weich geworden sind, garen.

4. Den Honig dazugeben und die Zwiebeln karamellisieren lassen.

5. Die Zwiebeln von der Hitze nehmen. Inzwischen Ricotta und Feta in einer kleinen Schüssel zusammenrühren und auf das Fladenbrot streichen.

6. Anschließend mit den karamellisierten Zwiebeln und Blaubeeren belegen.

7. Das Fladenbrot kommt nun für etwa 10 Minuten in den Ofen und wird danach noch mit ein wenig Rucola serviert. Voilà!

94. Erdbeerpizza mit Ricotta

Zubereitungszeit: 90 Minuten *Backzeit: 20 Minuten*
Gesamtzeit: 110 Minuten

Zutaten:

Teig:

- 200 g Mehl
- 20 g Hefe
- 100 ml Milch
- 50 g Zucker
- 1 Prise Salz

Belag:

- 150 g Ricotta
- 100 g Erdbeeren
- 2 EL Honig
- 25 g Schokolade
- 2 EL gehackte Haselnüsse
- 10 Minzblätter

Zubereitung:

Der Teig:

1. Hefe mit Zucker und Salz in ein wenig aufgewärmter Milch auflösen und etwas ruhen lassen.

2. Das Mehl in eine große Schüssel geben und eine kleine Mulde formen, in der die Milch hineinkommt. Das Ganze wird nun zu einem schönen glatten Teig geknetet und zugedeckt an einem warmen Ort für etwa eine halbe Stunde ruhen gelassen.

3. Nach der Ruhezeit wird der Teig noch einmal geknetet und auf einer mit Mehl bestreuten Fläche dünn ausgerollt. 10 weitere Minuten rasten lassen.

Der Belag:

4. Ricotta und Honig vermengen und auf den Pizzaboden schmieren. Den Rand auslassen und stattdessen mit geschmolzener Butter bepinseln.

5. Die Pizza im Ofen bei 200° C für etwa 20 Minuten backen.

6. Die Erdbeeren waschen und klein würfelig schneiden. Wenn die Pizza goldbraun und fertig ist, kann sie aus den Ofen herausgenommen werden und mit Erdbeeren, geriebener Schokolade, Minzblätter und Haselnüssen serviert werden.

95. Erdbeerpizza mit Ziegenkäse

Zubereitungszeit: 120 Minuten   *Backzeit: 30 Minuten*
Gesamtzeit: 150 Minuten

Zutaten:

Teig:

- 500 g Mehl
- 1 Hefewürfel
- 250 ml Wasser
- 2 EL Olivenöl
- 1 EL Salz
- 1 EL Zucker

Belag:

- 120 g Ziegenkäse
- 100 g geriebener Parmesan
- 12 g Basilikum
- 80 ml Balsamikum-reduktion
- Erdbeeren

Zubereitung:

Der Teig:

1. In ein Gefäß 70 ml Wasser geben und Hefe hineinbröseln. Anschließend gemeinsam mit ein wenig Zucker auflösen. Aufpassen, dass das Wasser auch lauwarm ist. Für ein paar Minuten beiseitestellen.

2. Inzwischen eine große Schüssel zur Hand nehmen und Mehl und Salz vermischen. Das Öl mit der Wassermischung hinzufügen und die übrige Menge an Wasser dazugeben. Das Ganze wird nun zu einem Teig kneten. Es kann einige Minuten dauern, bis der Teig eine geschmeidige Konsistenz erreicht und nicht mehr an der Schüssel klebt. Theoretisch kann man auch eine Küchenmaschine mit einem Knethaken zum Kneten verwenden.

3. Ein Küchentuch mit ein wenig lauwarmem Wasser etwas feucht machen und den Teig damit bedecken. Der Teig sollte anschließend 30 Minuten an einem warmen Ort ruhen.

4. Nach der Ruhezeit, kann der Teig in 4 gleichgroße Stücke geilt werden und jeder Teil noch einmal durchgeknetet werden. Die Arbeitsfläche dann mit Mehl bestäuben und die Teigstücke eine weitere halbe Stunde gehen lassen.

5. Den Ofen auf 200° C vorheizen und den Teig ausrollen. Den Pizzaboden auf ein mit Backpapier ausgelegten Backblech geben. Diesen nun 10 Minuten im Ofen backen.

6. Den Pizzaboden vom Ofen entfernen und mit Erdbeeren, Ziegenkäse und Parmesan belegen. Dann weitere 6-7 Minuten im Ofen backen.

7. Wenn der Käse geschmolzen ist, kann die Pizza aus den Ofen gegeben werden und mit ein wenig Basilikum und Basilikumredkution beträufelt werden.

96. Mascarpone Pizza mit Himbeeren

Zubereitungszeit: 100 Minuten   *Backzeit: 30 Minuten*

Gesamtzeit: 130 Minuten

Zutaten:

Teig:

- 500 g Mehl
- 1 Hefewürfel
- 250 ml Wasser
- 2 EL Olivenöl
- 1 EL Salz
- 1 EL Zucker

Belag:

- 1 EL geschmolzene Butter
- 120 ml Mascarpone
- 2 EL Puderzucker
- ½ TL Vanilleextrakt
- etwas
- Zitronenschale
- etwas Puderzucker zum Garnieren

Zubereitung:

Der Teig:

1. Das Wasser in zwei Teile teilen und ein Teil in einem Gefäß mit Hefe und gemeinsam mit ein wenig Zucker auflösen. Das Wasser sollte dabei etwas wärmer als Zimmertemperatur sein. Den anderen Teil mit Salz verrühren.

2. Das Mehl in eine Schüssel geben und eine Mulde in der Mitte des Mehls bilden. Dann das Öl mit der Wassermischung und der übrigen Menge an Wasser dazugeben und das Ganze zu einem Teig kneten. Es kann einige Minuten dauern, bis der Teig glatt geworden und nicht mehr klebrig ist. Theoretisch kann man auch eine Küchenmaschine mit einem Knethaken zum Kneten verwenden.

3. Ein Tuch mit ein wenig lauwarmem Wasser etwas feucht machen und den Teig damit bedecken. Der Teig sollte dann für eine halbe Stunde an einem warmen Ort ruhen.

4. Nach der Gehzeit kann der Teig in 4 Teile geteilt werden und jedes Stück noch einmal durchgeknetet werden. Die Arbeitsfläche dann mit Mehl bestäuben und die Teigstücke eine weitere halbe Stunde gehen lassen.

5. Den Ofen auf 200° C vorheizen und den Pizzateig zu einem Pizzaboden ausrollen. Den Rand wulstartig hochdrücken und das Ganze auf ein Backblech mit Backpapier legen.

Der Belag:

6. Den Teigboden mit der geschmolzenen Butter bepinseln und etwas Zucker darüber rieseln lassen. Das Ganze für etwa 8 Minuten backen.

7. Aus den Ofen nehmen und etwas Zitronenschale auf den Pizzaboden verteilen, weitere 2 Minuten backen.

8. Den Pizzaboden etwas auskühlen lassen und inzwischen die Mascarpone mit Staubzucker und Vanilleextrakt verrühren.

9. Sobald die Pizza komplett ausgekühlt ist, kann die Mascarpone auf den Teig gestrichen werden.

10. Nun kommen nur noch die Himbeeren auf die leckere Mascarpone Pizza und das Ganze wird dann noch mit ein wenig Puderzucker garniert – fertig!

97. Müslipizza mit roten Früchten

Gesamtzeit: 40 Minuten

Zutaten:

- 160 g Müsli
- 50 g Quinoa
- 80 g Quark
- 3 EL Kokosfett

- 280 g getrocknete Feigen
- 150 g Kokosraspeln
- 170 g Kokosjoghurt

- 50 g Erdbeeren
- 50 g Himbeeren
- 50 g Brombeeren
- Öl

Zubereitung:

1. Eine Springform zur Hand nehmen; mit ein wenig Öl einfetten.

2. Das Kokosfett in einer Pfanne erhitzen und schmelzen. Die Feigen in die Hälfte schneiden.

3. Das Müsli mit Quinoa zerkleinern und mit dem Fett und den Feigen vermengen.

4. Das Ganze kommt nun in die Springform, wird gut hineingedrückt und 30 Minuten kühlgestellt.

5. Joghurt, Quark und Kokosraspeln in einer kleinen Schüssel verrühren und die roten Früchte gründlich waschen.

6. Die Joghurt-Mischung nun auf den „Pizzaboden" streichen und mit den roten Früchten belegen.

98. Pizza mit Kirschen und Ziegenkäse

Zubereitungszeit: 100 Minuten   *Backzeit: 15 Minuten*
Gesamtzeit: 115 Minuten

Zutaten:

Teig:

- 500 g Mehl
- 1 Hefewürfel
- 250 ml Wasser
- 2 EL Olivenöl
- 1 EL Salz
- 1 EL Zucker

Belag:

- 1 EL Olivenöl
- 1 Knoblauchzehen
- 60 g Ziegenkäse
- 120 ml Balsamico
- Essig
- 1 EL Honig
- Rucola
- Kirschen
- Salz
- Pfeffer

Zubereitung:

Der Teig:

1. Hefe und ein wenig Zucker in einem kleinen Gefäß auflösen. Wichtig dabei ist, dass das Wasser lauwarm ist.

2. In einer Schüssel Mehl und Salz vermischen und das Öl mit der Wassermischung beifügen. Das restliche Wasser dazu schütten und alle Zutaten zu einem Teig kneten. Es kann ein wenig Kneten in Anspruch nehmen, bis der Teig glatt und geschmeidig ist. Es kann auch eine Küchenmaschine dafür verwendet werden, dabei aber einen Knethaken verwendeten und nicht zu lange kneten.

3. Mit einem befeuchteten Geschirrtuch zudecken und für etwa eine halbe Stunde oder mehr an einem warmen Ort gehen lassen.

4. Der Teig sollte nun größer, fast doppelt so groß, geworden sein. Jetzt kann er in 4 Teile geschnitten werden und jedes Stück noch einmal durchgeknetet werden. Die Arbeitsfläche dann mit Mehl bestäuben und die Teigstücke eine weitere halbe Stunde gehen lassen.

5. Den Ofen auf 200° C vorheizen und den Pizzateig zu einem Pizzaboden ausrollen. Den Rand wulstartig hochdrücken und das Ganze auf ein Backblech mit Backpapier legen.

Der Belag:

6. In einer Pfanne Essig, Honig und Salz vermengen und aufkochen lassen. Die Hitze verringern und für etwa 6-8 Minuten köcheln lassen. Nach dem Köcheln sollte eine sirupartige Masse entstanden sein.

7. In einer separaten Pfanne 1 EL Olivenöl erhitzen und eine zerdrückte Knoblauchzehe beifügen.

8. Das Öl von der Hitze nehmen und den Knoblauch ein wenig durchziehen lassen.

9. Den Pizzaboden mit dem Knoblauch-Öl bepinseln und Ziegenkäse auf den Boden bröseln.

10. Die Kirschen halbieren und entkernen. Anschließend ebenfalls auf die Pizza geben.

11. Die Pizza nun für etwa 15 Minuten in den Ofen schieben und zum Abschluss mit Rucola servieren. Mit Salz und Pfeffer würzen und fertig!

99. Schokopizza mit Himbeeren

Zubereitungszeit: 30 Minuten   *Backzeit: 10 Minuten*

Gesamtzeit: 40 Minuten

Zutaten:

Teig:

- 2 EL weiche Butter
- 32 g Mehl
- 2 EL Zucker
- 1 großes Eigelb
- ¼ TL Vanilleextrakt
- 3 EL Kakaopulver
- (ohne Zucker)
- 1/8 TL Backpulver

Belag:

- 45 g Schokoladenstücke
- 2 EL Kokosnussschrot
- 2 EL geröstete Mandeln
- 30 g echte weiße
- Schokolade
- Himbeeren

Zubereitung:

Der Teig:

1. Den Ofen auf 180° C vorheizen und mit dem Teig beginnen.

2. In einer kleinen Schüssel Butter, Zucker, Eigelb und Vanilleextrakt verrühren.

3. Das Mehl, das Kakaopulver und das Backpulver darüber streuen und gut vermengen. Das Ganze auf ein mit Pergamentpapier versehenes Backblech geben und gleichmäßig verteilen.

4. Der Teig kommt nun für etwa 9 Minuten in den Ofen.

Der Belag:

5. Die Schokoladenstücke können nun oben auf die Pizza gegeben und für eine weitere Minute geschmolzen werden.

10. Wenn der Teig aus den Ofen kommt, die Schokoladenstücke mit dem Messer wie einen Aufstrich verteilen und mit Kokosnussschrot, Mandeln und Himbeeren belegen. Mit ein wenig geschmolzene weiße Schokolade beträufeln und fertig.

100. Taschen mit Bananen und Nutella

Zubereitungszeit: 100 Minuten   *Backzeit: 15 Minuten*

Gesamtzeit: 115 Minuten

Zutaten:

Teig:

- 500 g Mehl
- 1 frischer Hefewürfel
- 250 ml Wasser
- 2 EL Olivenöl
- 1 EL Salz
- 1 EL Zucker

Füllung:

- 2 Bananen
- 4 EL Nutella
- 2 EL gehackte Haselnüsse
- 200 ml Sahne
- 4 Vanilleeis Kugeln

Zubereitung:

Der Teig:

1. Etwas Wasser in ein kleines Gefäß kippen und Hefe gemeinsam mit ein wenig Zucker auflösen. Das Wasser sollte dabei etwas wärmer als Zimmertemperatur sein.

2. In einer großen Schüssel Mehl und Salz vermischen und das Öl mit der Wassermischung hinzufügen. Die übrige Menge an Wasser dazugeben und das Ganze zu einem Teig kneten. Es kann einige Minuten dauern, bis der Teig die richtige Konsistenz hat und nicht mehr an der Schüssel klebt. Theoretisch kann man auch eine Küchenmaschine mit einem Knethaken zum Kneten verwenden.

3. Ein Geschirrtuch mit ein wenig lauwarmem Wasser etwas feucht machen und den Teig damit bedecken. Der Teig sollte anschließend 30 Minuten an einem warmen Ort ruhen.

4. Nachdem der Teig geruht hat, kann er in 4 Teile geteilt werden und jedes Stück noch einmal durchgeknetet werden. Die Arbeitsfläche dann mit Mehl bestreuen und den Teig eine weitere halbe Stunde gehen lassen.

5. Den Teig auf einer bemehlten Fläche ausrollen und 15 cm große Kreise ausstechen.

Der Belag:

6. Die Bananen schälen und in dünne Scheiben schneiden.

7. Die Teigkreise mit Nutella bestreichen, ein wenig des Randes dabei auslassen, und Bananen auf das Nutella legen. Ein wenig gehackte Haselnüsse, wer mag auch Pistazien, auf die Bananen darauf.

8. Den Kreis zu einer kleinen Tasche formen, und den Rand wellig eindrücken.

9. Die Calzonen kommen nun auf das mit Pergamentpapier ausgelegte Backblech und werden im auf 200° C vorgeheizten Backrohr für etwa 15 Minuten gebacken.

10. Die süßen Täschchen können nun mit aufgeschlagener Sahne und ein wenig Vanilleeis serviert werden.

Rechtliches und Impressum

Das Werk einschließlich aller Inhalte ist urheberrechtlich geschützt. Der Nachdruck oder Reproduktion, gesamt oder auszugsweise, sowie die Einspeicherung, Verarbeitung, Vervielfältigung und Verbreitung mit Hilfe elektronischer Systeme, gesamt oder auszugsweise, ist ohne schriftliche Genehmigung des Autors untersagt. Alle Übersetzungsrechte vorbehalten.

Die Inhalte dieses Buches wurden anhand von anerkannten Quellen recherchiert und mit hoher Sorgfalt geprüft. Der Autor übernimmt dennoch keinerlei Gewähr für die Aktualität, Richtigkeit und Vollständigkeit der bereitgestellten Informationen.

Haftungsansprüche gegen den Autor, welche sich auf Schäden gesundheitlicher, materieller oder ideeler Art beziehen, die durch Nutzung oder Nichtnutzung der dargebotenen Informationen bzw. durch die Nutzung fehlerhafter und unvollständiger Informationen verursacht wurden, sind grundsätzlich ausgeschlossen, sofern seitens des Autors kein nachweislich vorsätzliches oder grob fahrlässiges Verschulden vorliegt. Dieses Buch ist kein Ersatz für medizinische oder professionelle Beratung und Betreuung.

Dieses Buch verweist auf Inhalte Dritter. Der Autor erklärt hiermit ausdrücklich, dass zum Zeitpunkt der Linksetzung keine illegalen Inhalte auf den zu verlinkenden Seiten erkennbar waren. Auf die verlinkten Inhalte hat der Autor keinen Einfluss. Deshalb distanziert der Autor sich hiermit ausdrücklich von allen Inhalten aller verlinkten Seiten, die nach der Linksetzung verändert wurden. Für illegale, fehlerhafte oder unvollständige Inhalte und insbesondere für Schäden, die aus der Nutzung oder Nichtnutzung solcherart dargebotener Informationen entstehen, haftet allein der Anbieter der Seite, auf welche verwiesen wurde, nicht aber der Autor dieses Buches.